民国亲历记

跟着良友去民国

本书编写组 编

良友里的民国生活

上海科学技术文献出版社
Shanghai Scientific and Technological Literature Press

图书在版编目（CIP）数据

民国亲历记：跟着良友去民国 /《民国亲历记：跟着良友去民国》编写组编．—上海：上海科学技术文献出版社，2021

ISBN 978-7-5439-8308-3

Ⅰ．①民… Ⅱ．①民… Ⅲ．①中国历史—史料—民国—摄影集 Ⅳ．① K258.06-64

中国版本图书馆 CIP 数据核字 (2021) 第 059468 号

选题策划：张　树
责任编辑：苏密娅　姚紫薇　张雪儿
封面设计：留白文化

民国亲历记：跟着良友去民国
MINGUO QINLI JI: GENZHE LIANGYOU QU MINGUO
本书编写组　编
出版发行：上海科学技术文献出版社
地　　址：上海市长乐路 746 号
邮政编码：200040
经　　销：全国新华书店
印　　刷：常熟市人民印刷有限公司
开　　本：650mm × 900mm　1/16
印　　张：15.75
字　　数：157 000
版　　次：2021 年 5 月第 1 版　2021 年 5 月第 1 次印刷
书　　号：ISBN 978-7-5439-8308-3
定　　价：58.00 元
http://www.sstlp.com

出版说明

有这么一本民国期刊，蒋介石题赠“文化先锋”，萨空了先生称之为“中国第一本画报”，最高发行量达 4 万份，代售处遍及“南洋群岛及世界各埠”……当人们谈起老上海情怀，说到民国文化的摩登时代，总喜欢用它来作为佐证，它就是《良友》画报——中国现代新闻出版史上出版时间最长、发行量最大、发行范围最广的刊物。

一本《良友》画报，如何能承载这些盛誉？

从 1926 年创刊到 1945 年终刊，《良友》画报共刊行 172 期，载彩图 400 余幅，选用照片 32000 余张……这数以万计的照片中，最吸引人的当然是《良友》的封面女郎，她们中有电影明星留下的妩媚身影（例如好莱坞的中国影星黄柳霜），也有社交名媛的秀丽倩影（例如《色·戒》的女主角原型郑苹如）。但其实这些封面女郎远远不能代表《良友》所蕴含的深远魅力。

《良友》超越时代的生命力，在于它的图片代表了民国时期纪实摄影的最高水准，每一张照片都堪称大时代生活的剪影画，每一册刊物都可谓是一本时代图像志。那些在内页中看起来尺幅不是非常大的图片，每一张都是一个深入民国历史方方面面的镜头。

此次付梓出版的“《良友》里的民国生活”丛书包括：《民国里的上海》《民国生活简史》《他们的民国》《在民国谋生》《民国亲历记》和《行走在民国》。这些图书内容或有电影明星叶秋心演绎的《小家庭第一课》;或有《新年的街头》中，傀儡戏、纸鸢、纸花、灯市、戏法、西洋镜等热热闹闹的场面;或有酱油、糖、蚕丝、汽油、木炭、纸张、油漆、汽水的制造过程;或有丰子恺、冯玉祥、洪深、马思聪、刘长春、黄柳霜、徐悲鸿等名人袒露胸襟的自传;或有随着《良友》全国摄影团考察民国16省的风土人情;或有领略边疆民族生活、交通状况、名城胜景的纪实。让人在娓娓道来的笔触与罕见的图片里，感触中华传统文化的魅力与传承。

为了保持《良友》的原貌，并将原刊精华准确地呈现给读者，我们仅对内容作了重排与审校，地名、人名、语言风格和一些词语的使用，以及少量英文标题和图题等，我们都没有作修改，也没有加编者注，完全依照原刊原貌呈现，希望读者能够给予理解。

在《良友》百期纪念特刊中曾有人写道，“《良友》无人不读，《良友》无所不在”。每位读者都能在这套丛书中发现自己的兴趣所在，找到那么一些感动自己的细节，发掘一些与自己的生活相关的部分……倘若这活生生、热乎乎的民国画卷能让你心有所感，那只能说明，这世间，确有一些文字与图片会有无穷的魔力，在历尽岁月洗礼后仍然熠熠生辉。

这，就是《良友》的价值所在，也是我们编辑此套图书的初衷。

编　者

2021年3月

目录

对于良友全国摄影旅行团的感想

（国学馆馆长、前交通总长　叶恭绰）

良友公司组织全国摄影旅行团，将以半年的日力作内地的种种调查，如政治，经济，教育，文化，风俗，艺术等等，皆分析求其真相，以介绍于世，我对此事感想如下。

天下人不认识别人的很多，不认识自己的似乎很少；但认识而真能了解，却不容易。譬如我们对镜一照，似乎把自己的五官骨骼身材都知道了，但体质之强弱，脑力之高下，性情之偏正，行为之善恶等等，实在不容易估计得出，所以知己两字，竟是很难说的。

我国古书上说有骑马三年不知它是牝牡的，有见着自己妻子不认得的，这种人究竟是不肯注意抑或是不知注意，都未可料，但究竟恐怕不是缺乏本能，只是以为不值得注意罢了。

值得不值得本无一定标准，依常识判断，似乎现代每一个国民都有必须应该知道的各种事情（尤其是本国的），而且那种知识时时还要浚深及放大，各国的学校图书馆报章书画讲演，就都是为应这个需要而设的。

世界上大约只有我们的国，是一种特别情形，就是立国四千年，究竟现在我们的国土有多么大？人民数目有多少？我们始终说不出。这仿佛一个人连自己是不是有两双眼，一个鼻，都弄不清楚，更说不到研究体质脑力性情何如了。我国说变法，说革命，将五六十年样样改革不少，独这一点，还是照旧。

人们过着哲学意味的生活，或者以为这一切本可不问不管，无奈事实催逼你。如果真正不问不管，就有多少不妥。因此黑龙江东的地图一画错就去了几千里的领土；自己说台湾生番我们不管，日本就会派兵去管！

人们觉醒了罢？廿年来我极力找这种凭据，无奈很少！拿地图同统计来说，大约参谋部所出本国军用陆地图（系用日本东亚舆图局的底本来修改的）要算一件大事，海军就没有出版的海图（现用的我国海图是英国出版的），邮政出了一份全国邮线图，因内地村庄距离注得很清楚很有用处。此外就不听见什么了。三四十年前还有许多人忙着考究什么中俄（西伯利）中法（安南）中英（缅甸印度）中日（高丽）的界约，近十几年反而很少。几年前有人提议要预备与俄国重新划界，仔细一算自己测量，明白先要化二三千万元，吓得只好搁下。说统计罢，除了海关铁路盐务有几本书继续不断地出版，从前农商部曾经出过三次统计表外，就看不见什么了。最重要的各省通志及府厅州县志，新修者极少，旧有的亦多为外人搜采了去。所以我们中国人真是连自己几双手或几个儿子都可以不必知道的，他也侥幸优游过他的一世！

内地的老太公或小孩们还有问现在是同治几年的，各地有些华侨一面称所在国为祖国一面认为我是中华世家，这种现象姑不去说他，可怜自居智识阶级的人们，也未见有多少胜过他们的地方。因为仅仅知道某种的不合某种的需要，而不去矫正他，供给他，其结果也与他们一样。

我在日本托一个华侨买本国红茶，他问我“中国有红茶出产么”？国内有名的某科学杂志转载专门家以竹造纸方法，以为是新发明，这是不是叫人痛心的事！

世界的人往往说中国是神秘的，是一个谜。但是最近情形这个神秘之谜快给人揭穿了，打破了，一钱不值了！但是本国无其数的混而且沌的人，当自己钻在黑幕里，自己看不见自己，而且以为人家也看不见他！

不错，自己看不见自己是真的，人家却老早把你看得清楚清楚了。X光镜已不知照了多少回，你还在睡着！

这样的情形是否可以于国际竞争热烈的潮流中去谋生存与发展，这是不待言的事。不得已仍系希望少数人以至多数人，真正明白国内各种事实，先求能以知己，再讲到可以知彼。

这固然亦不甚容易，但是不能不做。所以我常常希望多组织游历国内的团体，去国内各处调查研究，似乎较之游历国外，益处还大，因为只是几处通商口岸决不能代表我们的中国，而且我国的真精神真骨髓，恐怕亦不在那里，若根据那几处的情形就来做判断一切的基础，恐怕要错误不堪。（近来种种事总弄不好恐怕这也是原因之一）所以内地的调查研究，是急而且要的。

就反面说，国际上，人家对我们的恶宣传非凡之多，因为我们一点自身的表现都没有，结果那些恶宣传便占了大势力，或且形成一种舆论。所以把我们一切文化道德艺术的真相，充量给人知道，亦是当今急而且要的。所以不但要有调查研究，而且要有表现的好机关与方法，就是真正不好的地方，我们也可以等大家知道，想出改良的方法，而且切实地去改良。

这就是我所以十二分赞成良友公司组织国内摄影旅行团的缘故。至于该团之目的任务及其效果如何，自有该公司目下及将来事实之证明，毋庸多赘。专此敬祝成功！

良友摄影团成员

Members of the staff of the Liang You Co. seeing the phototaking group off at the Shanghai-Nanking Railway Station.

本公司组织全国摄影旅行团，已志上期本志。该团已于九月十五日出发，此页各照片为出发时所摄。

本公司同人在上海北站欢送摄影团出发。

Mr. T. S. Leung. Chief of the group.

摄影团主任梁得所先生。

Messrs K. C. Yih, P. C. Hu. L. T. Wu. president of the Liang You CO. and Yu. manager of the company photographed with members of the group ar the north railway station.
叶恭绰先生胡伯翔先生及本公司伍总理余经理与摄影团合摄。

Mr. Ou-Yang Po, one of the photographers.
摄影师欧阳璞先生。

Mr. Y. H. Chang, one of the photographer.s.
摄影师张沅恒先生。

Mr. Sze-to Wing, executive of the group.
干事司徒荣先生。

BUDDIST SCULPTURES in the KUAN MIN TEMPLE of YUENNAN.
云南昆明佛寺之佛像。

全国猎影记之一

（梁得所）

安坐家中，旅行全国，读者，请与摄影团一道走！

本志总编辑梁得所先生于九月十五日率领全国摄影团出发,已志上期本志。除将沿途所猎俘虏品陆续寄回本志，以供读者一饱外，同人等并与约定将沿途笔记择要寄回与照片一同发表。此即为出发后之第一篇。（第一批照片因冲晒需时，故本期不及刊印）读者于披览照片之后，再读梁君笔记，不啻身历各境，与随同摄影团出发无异矣。闲话少说，且看下文。

上海北站之一朝

民国廿一年九月十五日，正是江南入秋的时节，夜不太短昼不太长，早上六七点钟，上海马路上卖报童子已忙着奔走了。那天的日报刊着一段消息，大字标题是：

“中国文化事业之创举　良友全国摄影旅行团　今日出发”

筹备许久的良友摄影旅行团是日出发了。一行四人，带着大小摄影机六架，影片及旅行用品共十四箱，早上八时半便到北火车站。送行的人先后齐集，在月台聚谈一会，大家站在车旁拍照留念。多谢良友全体同事的盛意，送来一面旗帜，写着“前程万里”。平常祝人前程万里，是空泛的应酬话，现在送给我们，大概言符其实罢。

我们虽没有正式请顾问，可是实际的顾问临行还得见面。摄影极有经验的胡伯翔先生，临开车前几分钟还谈了几句关于镜头的话。交通专家叶恭绰先生，看见报载我们早车出发，赶来趁此车往苏州一行，借同车两小时，再替我们把行程路线作最后订正。

公司方面事情早已约妥，伍余两经理也想不出有什么遗漏的话，只是嘱咐到内地见机行止，不要过分冒险，舟车有暇多写一点笔记。其余同事便如往日一般说说笑笑。终于握手告别，京沪特别快车载我离上海，开始半年万里的旅行。

中山陵前中秋月

火车到京时，已是下午五时了。斜阳照着一阵微雨，天空现出彩虹。彩虹的一端仿佛落在石头城边的玄武湖上，使那古朴的城池，添上鲜艳的色泽。

下关车站上，早有中央宣传委员会代表黄英先生招接，下站乘汽车进中央饭店。行李略事安顿，天色已晚。今夕无事，又是中秋。我们正想找个什么月亮当头的地方坐坐，庶不辜负一年一度的良宵。黄君却说京中几个朋友约定邀我们到紫金山下中山陵园去赏月。

驱车出城，郊外非常僻静。半小时才到中山陵园主任马湘先生住宅。马主任便是中山先生生前的卫士，观音山之役曾奋身保护先生出险，直到现在先生安葬了，马氏还守卫陵墓。我在他客所偶然看见他一幅少年留影，跨着一步弯弓马，双手举着一柄大关刀，眉宇间果然流露一股好汉的豪气。

宅前摆着两桌酒菜，席间谈笑无拘执。座中健谈的，要算那七十多岁的王先生。这位先生长着一部林森式的胡须，衔着一枝雪茄，穿长衫而戴打乌帽。据说他从前在南洋是三合会领袖，后来跟中山先生奔走革命，现任中央监察委员。老人家诗兴不浅，我们听他背了好几首得意之作，即如“总理龙舟歌”和“洛阳即景诗”。洛阳诗做得太妙，我请他重念一遍：

“乘车洛阳兮穿过山谷，平原远望兮青青绿绿，民居坭洞兮无房无屋，夜间黑暗兮无灯无烛……”

良友全国摄影旅行团在南京五洲公园摄，最左立者即本文作者梁氏（黄英摄）。

他念了格格地笑了一会说："我们南洋伯是不会做诗的，不过去年游洛阳口占几句罢。还有，当时和陈果夫先生游龙门，看石窟中残破的佛像，陈先生吟了两句：'满山都是佛，可惜佛无头。'我替他续两句：'不知谁人杀，何从去报仇'。"说罢，又格格地笑了一阵。

他又说，从前在南洋三合会时，是主张扶明灭清的。后来听孙先生灭清不必复明，便可成立新的民国。言之果然有理，往后我便跟他。

我听了这些简洁的话，想起当年革命事业何其简洁，到今日政治所谓上轨道，其中关键便繁复起来了。我又想中秋节，原本就是从前扶明灭清的民族革命运动的纪念日，月饼便是党人藏信通消息的纪念品。我更想起，今年的中秋节，正是日本承认满洲伪国的日子，难怪紫金山上的明月，在乌云中暗淡无光了。

夜将半，明月终于冲出了云围。皎洁的光芒，照着孙陵明陵等民族领袖的墓地，照那历朝盛衰所在的都城。当今内忧外患交迫时节，凄淡的明月，忍听紫金山下逝者的叹息，忍听秦淮河畔商女的弦歌！

摄影工作实试

在京的第一天，除了多少接洽外，我们用半日实试猎影工作。我们所带工具颇复杂，摄影机六种，片五种，旅行冲洗用具多特造，不能不把各件实地试用。（每件各有特长，将来另文述其用法，以告摄影研究者。）我们到附近采摄一遍，回来把底片冲洗，手续成绩都有把握。

凡事事前须有充分准备。假如今天发觉有遗漏之处，必要时可派人返上海补理。幸而检查各件，都妥当了。

下午到铁道部见曾仲鸣次长。曾氏为研究文艺爱好摄影的一位学者，这次极力赞助我们的旅行，铁路交通给我们许多便利。晚上，赴中央宣传委员会的宴会，因为我们的工作将来有关国际宣传，当局颇引为注意，席间秘书长演说有几句谦而诚恳的话“这菲薄的宴会无非表出我们一点钦佩和勉励之意，希望旅行诸君能因此加增一点勇气。我们且喝一杯，祝各位旅途健康”。

行李之分配

长途旅行，携带物件多少总成问题，太多麻烦，少却不够用。取巧方法只得将一部分直接寄运。十七日天雨，不能拍照，我们就在旅舍把行李重行检点，抽出在津浦路上必需的物品自己携带，其他交铁路运上天津。津浦沿线预计不过十五天，天气未冷，每人所用衣服有限，底片约千张便够。这样选出自带的不过四箱，其余都交中国旅行社送到津浦的行李车去。由中央饭店送到浦口，每件计洋四角半。

还有一点问题，我们所带摄影材料，看来仿佛贩卖货物，好在有党政机关的证书，证明都是自用的，并且没有违禁品。

九一八与六折

九月十八朝，我们结算旅馆的账。房租一项有折扣，壁间牌子上已标明“国难期内，照码六折”。

商人毕竟是商人，很会借题定价。百货公司国庆大放盘，打称以资庆祝；旅社国难时期可折扣，大家都明白没有什么关系。其实供过于求，自然要削价了。

记得年前国民会议，和其他什么大会，在京开会时，各方代表云集，旅客挤拥不堪，旅馆抬高定价，利市百倍。可惜大会不常有，年中平淡的日子居多。直说因生意清淡而减价是不好听的，于是借国难名目，因为一年三百六十五日中，天天都可算是国难时期。

今天九月十八，是沈阳事件的周年纪念，从那天到现在，每日报纸都载有国难的记事。而且这种局面不知要延到几时。我颇替旅馆担心，怕他们的房租一辈子地要打六折。想清楚，我又不担心，因为等下次什么全国大会再来开会时，旅馆自可暂撤国难六折的牌子而收高价。

召集大会，首都热闹起来；集举国贤才，讨论方针，表决议案，起草宣言，发表通电，于是中国似乎得救，似乎强盛了。及至大会闭幕，衮衮诸公各散西东之后，像一阵风吹完，旅馆照旧又挂起国难时期的牌。

近见某画报征求救国方案论文，又听国府主席对新闻记者说，政府对外已有整个方案；那真是笑煞东洋兵，气煞中国人。方案方案，中国只知有方案。小学校三年级起首作文论救国，上至国府委员也不外论救国。国难是无从解决的，除非四万万人民从救国讨论会中退出来，各人去做一点儿实际的工作。

世界最大的城

南京城周围七十六里，城内有田畴山丘，使人不易分别内外。论城围面积，世界首屈一指了。

讲到南京的别名，多得不容易记。春秋初名金陵邑，秦改秣陵，吴孙改建业，晋改建康，隋作蒋州，唐称江后，明定都曰应天府，永乐改为陪都才有南京之称。

国民政府奠都数年，建设有了头绪，马路开了不少，我们这回租了一部汽车，一日内便可以把主要地点访撮一遍，市政方面以中山路工程最大，花牌楼商业最盛。机关建筑以铁道部最宏伟，中央无线电台设备最新。而建设计划最大的，首推中山陵园。

中山陵园在城外，占有钟山全部，面积四万五千八百余亩。建设计划以中山陵墓为主，左将士墓，右明孝陵。由陵墓而南至邵家山，东至灵谷寺为纪念区。东南为新村，村之南为中央体育场。陵墓之西南为农林生产区。明陵一带为文化道，内设古物陈列所，天文台，博物馆，图书馆。四周拓植森林，置亭楼点缀风景。照这计划设施，总要百数十年后才得完成，不过现在已经颇有可观了。

驱车环行城内外各地，当日拍了照片约一百幅。最后驶到下关，渡江预备趁车北上。

浦　口　虫

为了还有多少手续未妥，不及赶乘夜车，决定次晨（十九）北上徐州。行李既已搬到浦口车站了，我们打算就近住宿一宵。刚有旅馆人役来兜揽生意，我们就跟他去。

到了那所谓浦口最好的旅馆，我们不禁笑起来，久住都会，乡下房楼很少到。我们到内地迟早要住更不舒服的地方，此刻当然不嫌其陋。不过耿耿介怀的，臭虫问题而已。问侍役，答道臭虫是“没得”（南京话没有）的，因为床板新烫过。我们姑且不怕。

晚饭后大家早睡去，因为一天走得有点累了，我躺下就快入眠。朦胧中听闻同伴嚷道“有啊！在墙角捉着的，大只肚子又扁”。

心理作用，我听了仿佛觉得背脊有点痒。接着我叫他不要吵人睡觉，一会儿我便睡着了。

夜半醒来，觉得颈项确然很痒，灯未熄，瞥见枕上大臭虫，简直像苏州采芝堂黑瓜子一般，而且不止一颗。这铺床无论如何不能睡下去，又没有勇气捉那些，可怕的东西，只好仿效别人的无抵抗主义，让他们占领我的地盘。索性避开来坐着看书罢。房间里各人也起来了。一人一句，大家都不要睡了。原本我们带有铺盖和油布，可是都存车站行李室里。

日本称臭虫为南京虫,我们却碰着浦口虫。我想也好，趁醒来把几段笔记写个结束，这期良友报快发稿，昨天在长途电话答应马国亮君将文稿日内寄沪发表。可惜起程不过几天，没有什么可述，而且第一批照片还未及洗印，明天我们动身北上了，往后再谈罢。

全国猎影记之二

圣地巡礼
A VISIT TO THE LAND OF ANCIENT SAGES

（良友摄影团摄）

A view of the birthplace of Mencius.
孟子故乡风光。

The place where Tze-sze wrote his book, "The Golden Mean."
子思作中庸处。

Monuments in memory of the writing of "The Golden Mean" by Tze-sze and the cutting of the web in the loom by the mother of Mencius.
子思作中庸及孟母断机处之纪念碑。

The place where the mother of Mencius thrice removed her home for teaching her son.
孟母三迁教子处。

The temple of Mencius with the old cypress standing before it.
孟庙及庙前之古柏。

The temple of Yen Hui.
复圣颜回之庙。

The pond in which Mencius washed his inkstand.
孟子之洗砚池。

Another view of the temple of Yen Hui with its old well.

复圣颜庙之陋巷井。

The site of the narrow dirty lane where Yen Hui lived.

颜回之陋巷故址。

Beautiful carved stone columns in the temple of Confucius.

孔庙大成殿雕龙石柱，刻工精到。

The sepulcher of Confucius.
孔子之墓。

Kung Te-cheng, a descendant of Confucius.
孔子第七十七世孙衍圣公孔德成。

A stone panther.
孔林石兽元豹，相传系前为孔子拖车者。

The path, planted with cypresses on both sides, leading to the tomb of Confucius.
曲阜孔林前之柏树路。

Picture showing part of the fine engraved work in stone.
亦大成殿中之精美石刻。

Three pictures (above right and left) showing fine stone statues of some of the Lo-hans.
上，左，右，三幅，皆万德灵岩之罗汉雕塑，轮廓准确神韵酷现。

圣林巡礼

（梁得所）

车到邹县，看见站旁立有两块石碑，刻着“孔子诞生圣地”，“孟子诞生圣地”。瞧不出这小小地方，竟出了两位一二之外无第三的圣人。

我们在火车站叫了几辆人力车，进城去访孟子的古迹。（孔子生平在曲阜的日子居多，邹县有的是孟子遗迹。）穿过几条狭窄而泥泞的街道，停在一处殊不引人注意的地方，看牌坊和石碑，才知道那是孟母三迁故址和断机处。想来这位孟圣人做小孩子时，也和别的儿童一般顽皮，不分好歹，爱玩偷懒的。他住近屠户就学杀猪，近学堂就学念书；可是念书又不在心，他母亲大概告诫无效，终于断机喻教。我们可以想象，孟母断机时，眼中必定含泪，心想如果儿子再不听教，做母亲的希望也就像机纱一般断尽了。惟是这一点诚挚的母爱，触发了赤子的天真，合创而成一种高崇的人格。圣人非生而神圣，天下无不可教之顽童。只因在家庭或学校，挚爱与天真的触发有限，才觉得纯人格之希罕罢。

且说孟子后来著书立说，到现在他的故里还有曝书台和洗砚池古迹。死后纪念他的，有亚圣孟庙。柏院幽凉，颇足表示古代学者的遗风。

我们把这些古迹，和地方平民生活，拍了好些照片。

本文作者梁氏在山东曲阜途中留影。

天色已晚，这小地方又没有客栈，只好出车站候车，虽然明知要夜间二时半才有车可乘。

至于晚饭呢，原本打算吃鸡蛋馒头，结果买得到只有烧饼和梨子。烧饼每只铜元四枚，连梨子当茶水，八个铜板吃饱一餐。吃罢在路旁月台散步，西望落日的红光，穿过杨柳的疏枝。郊野风味，都市居住者不易领略得到。

日落了，离乘车时刻还有六七点钟。旅行不能失眠，于是向站员借了一张草席，铺在站前的地面，四个人披毡而卧。星空之下远望尼山，我们真有点像伯利恒郊外的牧人哩。不一会各人睡着，醒来火车已到。我们跳上车厢，伸倚于温软的座位，喝着白衫侍役端上的香茗，情况和刚才完全不同了。生活程度之悬殊，在中国显而易见。

车行两小时便到曲阜。站长招呼我们在行李室坐坐。车站离城十八里，为了地方不甚太平，要等天亮才可以进城。灯下写信几封，不觉鸡声四起。

黎明乘骡车向城行。一夜之间，我们由孟子故里来访孔子的家乡了。

骡　车

华北内地交通，骡车是一种很普遍的工具。粗巨的木轮，什么崎岖泥泞的路都可以滚过。因为路坏，只能走粗重的车，粗车辗过，好路也变成坏路了。

趵突泉上的垂柳。

我们到曲阜初试骡车，实在不容易坐。硬板平底，坐在当中无倚无靠，轮轴全无弹性，道路高低随时把人抛得头撞车顶，车身摆动时左右碰壁。躺着吗，后脑吃苦，蹲着又太吃力。结果还是依骡夫所说唯一的方法平坐着。也许他心里要笑说："我们祖宗坐了几十年的骡车都没有闲话。难道你一两点钟就要想出什么花头了吗？"

当时看见迎面来了一乘骡车，一个老头子袖手盘膝地坐着，车荡人亦荡，放轻身躯闭着眼睛坐得津津有味，我才恍然明白坐骡车另有一种艺术，要像打太极拳一般意到力不到。

中国到底是奥妙的国，许多事情讲"意"。不但坐车打拳如此，就如医道罢，据我所知有人以马粪煎汤补虚弱，理由是畜牲当中只有马是跑着排泄的，粪里含有充分的气力。诸如此类，医者意也。五行君臣的玄理，为西医学者所不易懂。批评中国不能轻易讲话，因为中国另有世界。

骡车坐得很辛苦，可怜那匹瘦骡拉得辛苦。更尤其是到泗水桥头，力竭不能上，骡夫狠命地骂它打它。它拼命拉上桥面，骡夫还不停打骂。一时我有点担心，恐怕那匹骡被迫太甚，索性连车摔下河里同归于尽。然而事实不会如此，眼见暴戾的骡夫无所顾忌地继续鞭打，因为看透了它自从祖宗到后代，一辈子忍辱负重是不会反抗的。

衍圣公

提起衍圣公，大家也许想象出一位老翁，其实是现年十三的小孩子——孔子七十七世孙孔德成君。

从孔庙出来，我们去访这位小圣人——孔宅司门人这样称呼，原本圣人自己为圣，这位是圣人孙而已。我们在接见宾客的忠恕堂候了一会，一位中年人领着德成君进来，大家分宾主坐下。记得从前见过德成君七八岁时的照片，眉宇间一种活泼的神气，现在仿佛消失了。微有倦容的脸部，颜色和身穿的淡青长衫有点相近。坐半个钟头，一声没有响，我们所问都是那位中年的族人代答。听说衍圣公刚从书室来，故问：

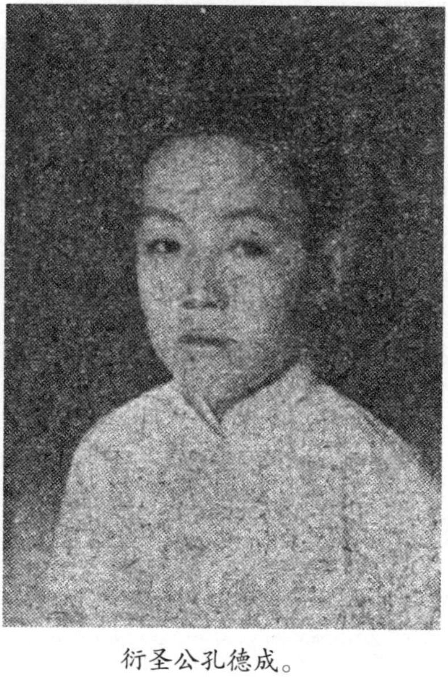

衍圣公孔德成。

“衍圣公所读何书？”

曰：“圣贤遗教之外，引文偶涉猎焉。”

“圣诞期近，祭典仪式可得而闻乎？”

“曩者甚盛，大总统及欧西代表莅临。然今非昔比矣。”言下颇有道不行之慨。这样的一问一答，谈了些孔家和曲阜的话，我们说请衍圣公出厅摄影，那族人说恐怕阳光太猛烈，于是就在厅内拍了。又请他题了几个字，族人对他说可以回书室，他就出厅而去。

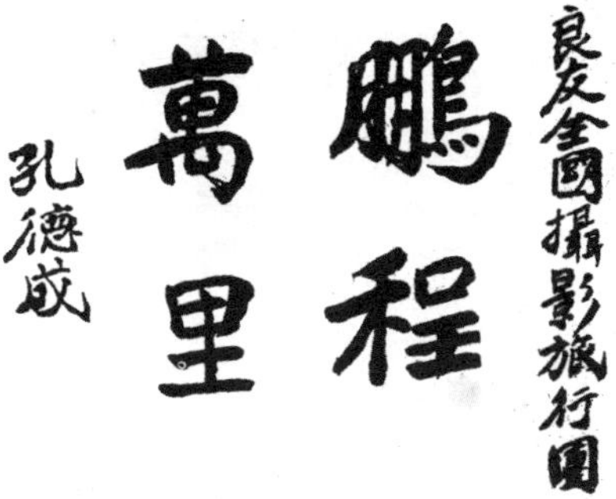

衍圣公孔德成之题字。

望着他的背影，我想及他的前途。应该在球场叫跳的十三岁孩子，现在养成沉默而怕太阳的书生。机械式地接见游客，游客来看他，有如看孔宅古井或孔子手植桧一般无多大意义。生活的厌倦露于眉宇，可怜他自己的命运将永远珍藏于孔宅的古迹中。为延长孔宅历史，便是他生存的责任。

告辞出来之后，我想起一个重要的问题忘记问，那问题便是衍圣公何时得娶妻。

灵岩观塑

泰安济南之间，有小站名万德，距站十八里，有灵岩古寺。地点偏僻，游者绝少。塔影松涛，本已值得游览，

威海卫之槐树。

而我们所以流连一日，为的是寺内的宋代古罗汉塑像。

由万德站骑骡向北行，过一小村，农作正忙，偶见有牛骡并肩，同拖犁钯的；妇人晒麦，孩子们在旁嬉戏，村民生活，倒有他们的乐趣。过村时我步行，前头骡子先走，我便走失了路。远远望见灵岩的塔顶，又问田间农夫，知道我的方向没有错，不过走上小路较远一点罢。我打算到寺里会同伴，不料他们仍在村口等着，久不见我出来，便向横路找问，村人说刚才有一个外国人走过，我穿洋服便被认为洋人，近铁路村人尚且如此，将来再入内地，不改装恐太惹人注意了。且说同伴差了骡夫追我折回正路，往返枉走了四五里。

到了松柏丛中的灵岩寺，下骡就见壁上贴着字条："禁止酗酒打架。"记得在车站时站长说及此间和尚都是酒肉之徒，寺的附近有女人居住。也许有了成见罢，看那些和尚总带着市侩样子。据说寺产颇富，除田亩外，院里三株苍老硕大的银杏树，年中产果所值颇巨。

小坐喝两杯茶，我们急于要看塑像。寺僧领我们往后殿去，殿前见梁启超先生题的石碑，刻着"海内第一名塑"。海内雕塑所见未多，不敢先存成见，不过任公所评当有分寸。进殿一看，瞥见右行最夺目的一个，抱膝危坐，蹙眉若有所思：走近察其细部，骨骼肌肉都有根据，额角手背，静脉管凸纹亦不苟且。看了不能不叹中国艺术今不如古，现代研究雕刻的颇不乏人，留学欧美亦不少。雕刻作品出了些什么来看看？名雕刻家在争投承造伟人名人的遗像；借名人之名而存其塑。虽然现代艺术日趋实用化，可是试拿一枚通用全国的银圆，看看上面的孙中山浮雕像，雕成什么样子！

再把全殿四十尊罗汉看了一遍，发现其中五六尊各具精妙，其余无甚奇特。间有数尊相形之下殊觉凡俗，不像同家所作。询寺僧答谓宋代原作五百尊，年代过远，保全有限，现有的四十尊，间有明清修葺或补塑的。我又细查土质不同，且有两尊双目镶以黑玻璃珠，更足证明不是同代之物了。

我们选摄佳塑十余件，并将首手等局部分摄，不觉已费三小时。好在宋塑保存甚少，倘若五百尊罗汉都全在，我们岂不是摄个不了吗？

我们来灵岩的工作目的已达，即在寺中午饭。为了晚上八时才有车过，下午无事，同伴攀登寺后山林，我心生妙计，借禅榻高卧半晌，正如李白所谓“心似泉水一样闲”。

七年旧梦

许多人游名胜喜欢题字留句，我一向没有这习惯。只有七年前登泰山顶时，曾在玉虚宫的壁上涂了几个字。当时正是脱离学校由济南下上海，心里想倘若下次再来登这山，情景不知怎么样。现在是再来了，手里也和那年似的拿着一只小影机，所分别的从前是自己玩，现在拍照是为大众而做的一点事罢。东岳的松石依然如昔，至于玉虚宫壁上的字却剥蚀模糊了。从前所涂的是什么，现在看不见也记不清楚，过去的终于过去了。

入济南再到齐鲁大学，见校园槐树比从前长大，校舍每座都被浓密的绿叶掩藏着。同学都毕业去，只有一位留校做大夫（医生）的，见面不免谈起一串旧话。刚是午饭的时候，大家出校外不远趵突泉去，到小蓬莱馆子点两只菜，打句山东土话叫“来一盘银丝卷儿”，馆子窗外趵突泉依旧涌着，泉边茶棚里还是唱着山东著名的大鼓，然而昔年的歌女不会唱到今日，今日的歌声亦将瞬息逝去。

大明湖边，从前为功课到来，取些湖水回去照显微镜。千佛山因为近学校，晚饭后常到那山麓去散步，郊野吹过的秋风，城楼传来一阵阵的军角，到如今还依稀如昨。

足履旧游之地，不免忆起过往的日子。过往的日子值得记忆，因为许多往事值得忘记。

烟台海滨之猎影者。

全国猎影记之三

各地名人访问

（梁得所）

——各地人物之访问，也是这次旅行的一部分工作，现在把河北省内的极端人物志，汇抄发表于这一期良友。

守山海关的何柱国

在庆无可庆的国庆日，我们由天津乘北甯路车向东北伪国的边境去。傍晚到秦皇岛下车，原本这站离山海关不过二十分钟路程，可是在此过夜比较安稳些，事实上就是在秦皇岛下车时，已有配着刺刀的日本兵向站长查问我们的来历了，在不平等条约之下，做中国人在自己屋内也要被监视。

次日早上到山海关，车站的冯君接电话来相候，领我们穿过道街，到万里长城东端的山海关，上面几个大字写着“天下第一关”。登楼东望，只见那借清兵入关媚外亡国的吴三桂的点将台，再远便是失去了的沃霄之地，在烟雾弥漫中看不清楚了。

关山摄影之后，去访警备司令第十九旅旅长何柱国。怎的“十九”这数目总是日本的对头。

在接见的客厅里，我们看见这位军官，是三十多岁的壮年，唇上留着黑而短的胡子。他是广西人，我们对话为便易就用粤语。谈到守关的情形，我问：

“近来此间还算平靖吧？”

“还好，只是前不久有过一次小冲突。那天晚上他们想偷占关前的小城，当下我们一面布阵开火，一面用电话交涉，他们只有准备，也就是小部分行动即令退回。一场仗打不城，反像小孩子捉迷藏似的。”他说着摇头笑了一阵。

“假如他们不退呢？”我问。

“不退就只好打！”他庄重地续加解说，“打起来就不是山海关的小问题了。这里是双方接触前的线，一有事发生，平津紧急，牵动可就大了去；对方亦必同时影响很大的。所以大家都在戒备，比方昨晚是双十节，彼此防得更紧，弄到两点钟才睡觉。”

山海关警备司令何柱国与本文作者梁得所先生。

“山海关和秦皇岛都驻有日军，在这种情形不应该叫他们退去吗？”

“不成呀！有辛丑条约在，除非宣战，他们是有驻军关内的权利。他们高兴时可在我们境内演习，演习起来可真可假，我们防备比真打仗还要麻烦。明明是敌人，却不能取敌对行为，古今历史无此例，中国实在无奇不有！”

“关外义勇军实况到底怎么样呢？”

“胜利是天天有胜利的，可是取攻不取守，使日军疲于奔命，目的在破坏他们的统治力。要国内一致有应付，义勇军才不致白牺牲。”

“对于出兵收复失地的计划，进行情形如何？”

“前数月高粱未割时，曾有实践之意，现在呢，大人先生们不是有闹意见吗！”

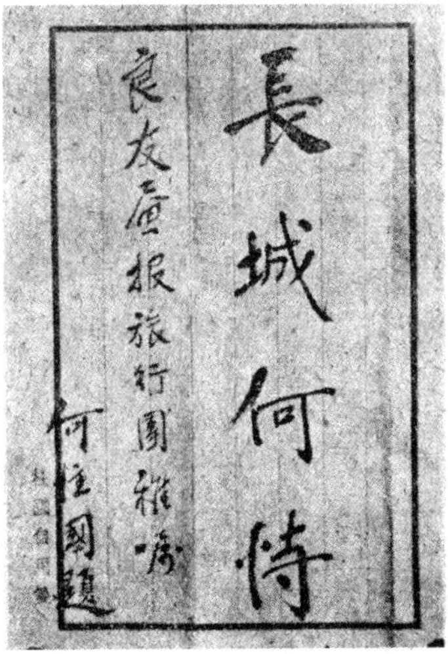

何司令题字。

“请问张副司令主张如何？”

他沉默一会：“本来就为国仇家仇，张氏才与中央联合，也就因此促成潘阳事变，谁也没有不着急的；只是……”他抽了一口香烟，皱着眉头续说，“责任实在太重了。像我这样，在这里一年多了，不战不和的僵局，实在闷不过。”

一面要顾全局面，一面不甘于屈服，这种矛盾，自然是当局者痛苦的来由。天津大公报有评“做马占山易，做何柱国难”，也是从兼顾责任立论。然而大难临头的时候，迟早没有稳健之可言。

“其实，”何氏仿佛自语地说，“除非下了同归于尽的决心，事情是无从办起的。”

在未告辞以前，何氏为我们杂志题了几个字，题的是“长城何恃”。回来有朋友看见说，他守城为什么说城不足恃，恐是“可恃”之误吧。我想，他并没有写错。秦始皇时代早已过去，中国今日所受的侵略决不是一座死城挡得住。现在我们从新筑造一座新的，活的——众志成城！

旧的城颓废了，新的活的砖石还是散着不能集拢，这便是目前中国的悲哀。

胡适博士

未来北平的时候，有朋友告诉我说，胡适之先生亦好摄影，曾将作品贴成一册“偶然的印象”。我想，胡先生的诗词文章，大家都常见；摄影的取材结构又怎样，这是书报的好材料。于是登门访索去。

胡氏所住的房子，大门内便是一个广阔的院子，厅前两列白石的雕阑，书室在西厢。那天胡氏正在续写他的

胡适之博士及圆明园之雕栏。（荷兰女士韩妮 Henny 摄）

四十自传，搁下笔来招呼：

“请坐，请坐。东西乱得很。”他把椅子移了一下，又把桌上推着的书籍和稿纸推了一推。可是这轻轻一推对于桌面秩序是没有多大影响的。

坐下谈了一些关于上海近况的画，我便说了此来想得摄影作品寄回去发表。

在胡氏这是猜不到的罢。他笑着说玩的照片怎可以和专门的齐发表，同时仿佛不能叫人空手回去似的，他站起来像书架上找。“搁下太久，那本子不知放在那里了。”他说了两次还是找不着。

我只好说改天找着请寄去罢。

还是仿佛不能叫人空手回去，他从抽箱拿出一个信封能够说；“我另送你一张照片罢。前几天以为荷兰女士来照的，这照片有点小道理，你看这屋子厅前的石阑干，是从圆明园搬来的。”

“真的吗？怎样得来？”我接照片看。

“从前这屋子的主人大概有点面子罢，建筑时从园中搬些石阑来用，现在竟保全清代的一点遗物。”胡博士一辈子是有历史癖的。

我问及西北古迹有什么新发现可摄，胡氏便介绍去地质学研究会去找几本新的参考书。这一天我们摄影团分途工作，我是出来访人及买书。胡氏为今天访见的头一位，于是拿出一本未写过的簿子请留几个字。写的是“壮游从此始。”

本来，我们的行程已经一个月多了，现在怎可说开始呢？后来我想，也不是固意附会其说，其实这题句是有点

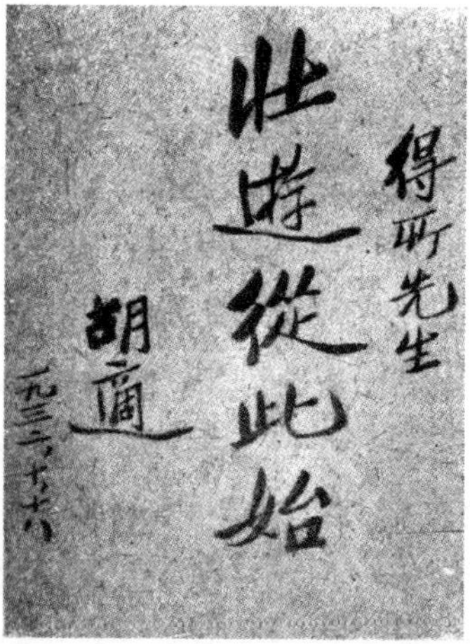

小道理。所谓道理，我的意思是：——

适之先生是信仰西洋文化的，西洋文化这题目极大，往小处抽一点解说，就是无满足无止境的观念。比如中国所谓“毕业”，西洋称为 Commencement，而 Commencement 这个字直译便是“开始”。

今朝，或任何一朝，平凡的行程过了，就是未来壮游开始的时候。

不在家的蒋梦麟

从地质学会出来，到蒋梦麟先生家。对这位曾为教育次长的北大校长，我想把一般人日常谈论的两个问题想问问。其一是大学考试制度和自由讲学制度。利弊比较，何者为上。其二男女教育应有平等机会，而事实上为家庭和年岁等等关系，是否如一般人见解女子不必读大学。

我把名片递给蒋公馆的门房，门房叫我等一等让他去传达。正在那时，来了一位年轻的女郎，披着皮大衣戴着巴黎式的呢帽，我一见之下联想到前不久蒋先生和一位青年孀妇结婚，大概这位就是新夫人罢。可是她踏进门口时，门房问她“您找谁？”她说“看蒋先生”。门房问她讨一张名片，她从那银灰色的皮手袋里拿出一张递给他，门房拿了两张名片进去，一会出来，对我说：“对不起，蒋先生不在家。”我说“好，我改天再来罢。”我正在张望门外有没有洋车，只听见门房对那女郎说蒋先生请。我回头便见两个背影进屋院里。

我在洋车上计算留平时日，大概不克再来访谒。待有机会再到北平而碰巧蒋先生在家时，再来请教罢。

老将军吴佩孚

中国武人当中，吴佩孚是不会被忘记的，虽然当年他是一个独裁不见容于民众的失败者。失败之后而还能够获得国人相当敬仰，皆因他保持一种书生的固执气概，即如不倚外人庇护，甯入深山不出洋；其次如发妻之外无妾姬，生活有迭序，（每天早起，这次访问是在早上八时接见的。）

吴佩孚氏之最近摄影。

吴氏客厅还挂着一幅戎装按剑的肖像，那时十年前当权的大帅，现在他是一个在野的文人了。那天在楼上书斋中，他很娴静地坐着看书，头像一顶黑天鹅绒小帽，身穿玄色细呢长衫，胡子不疏不密，头发却微有斑白了——这些都是坐下后看清楚的，进门骤见自然没有那么仔细。

普通招呼没有什么特别，只有一点可记的，我称他为“大帅”。我未尝不想起这是废去的头衔，然而他留着的威仪使人不觉重忆他旧有的尊称。反正近年军政人物，称呼是换来换去的。

大概阅者们都想知道吴氏对于国事的观念和见解，所以当时谈话中我有这样的一问：“现在中国情形是这样，请问依大帅的见解，前途是悲观呢还是可以乐观呢？”

吴氏点点头，每个字很清楚的答：“悲观乐观都是人的观念罢，于事实原本没有一定标准的。”他发表一句颇有佛家意味的说话，双手捧着热茶的杯子仿佛借以取暖的，呷了一口续说：“讲到国家的盛衰，现在自然是以外国为比较，各有特长之处，西洋讲究科学，中国注重道德，道德为本，科学为用，双方兼并，国家无不强之理；只可惜我们现在得不着别人的长处，反而把自己的基本都丢掉，这样下去，国家前途是不堪设想的。”

他再把道德和科学申说：“道德最重要的，是朋友讲信义，父子夫妇循分相处，这些外国就不如中国。比如男女来往，中国和外国人比较，谁规矩一点，不用说可以知到。至于机器发明，卫生洁净，这些不妨学学外国。只是你看现在的人心，欺诈争夺，好的科学也给他们用坏了”。

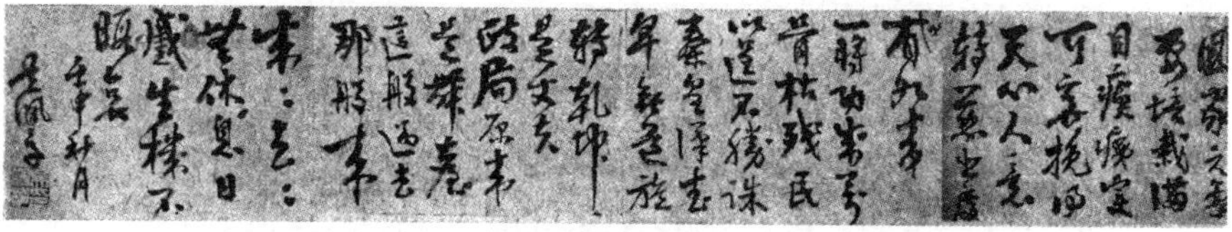

吴佩孚手题诗章。

对这位唯心论者，我问及他思想根据：“听说大师近年研究佛经，请问改良人心的见解是否由此出发？”

“佛经我是外行，孔子道理我不外行。其实都是贯通的，就是连耶稣教，亦不外一个道字。”

“佛经讲慈悲，耶稣教叫人爱仇敌，与大帅一同主张之武力是否有消极积极的矛盾？”

“不！爱仇敌不是那么简单的。比如有人无故打我，我有力，必痛打他一顿，教训教训他，这才是彻底的爱仇敌。”他的眼睛睁了一下，安徽口音的官话说得很有劲。接着补充一句“至于新约里说人打你左颊连右颊也给他打，那未免言之过甚。我是主张以直报怨的，比如有人骂我，在背后说我的坏话，有机会见面时，我得表白表白。”

表白的话，个人都有可说的，即如欧战后大罪归于一身的德皇威廉第二，亦曾作自传以卸战祸的责任。今朝时间不多，未能向吴氏请述当年战事的辩申。当下就请吴氏留影题字，题的是一首诗：

国家元气要栽培，满目疮痍实可哀；
挽得天心人意转，慈悲度世有如来。
一将功成万骨枯，残民以逞不胜诛！
秦皇汉室早无道，旋转乾坤是丈夫。
政局原来是舞台，这班过去那般来！
来来去去无休息，日蹙生机不暇哀！

此外吴氏又赠他所著的“循分新书”和“劝军人八总

歌”等数本，都是治军的论著，是的，他对于佛经和新约圣经也许外行，却有一样最不外行的，那便是带兵打仗。吟诗佛是疲劳的一种休息而已，自信自尊造成固执的思想，吴佩孚至今还是吴佩孚。

摄影之后我告辞，挟着吴氏的诗书出来，心想自己不会吟哦无以为答，偶忆古人一句是谦是傲的话说：

“富于诗书穷于命，老在发眉壮在新！”

张学良之印象

张学良是会摄影的，他自己却不大上镜头。除了从前廿多岁时照过几幅英俊的相片外，近年所见都带着老而蹙的样子。现在可阅诉以告者，倘你和他对话，就觉得和照片所见不同。这位活泼的中国之 Prince of Wales，眉宇间还留着青年的神气，虽然两匹长胡子勉强把他装老了五六分。

那是我在北平最后的一夜，到顺承王府去，招待者引进部署里。由右边的甬道走，望见会客室灯下踱出来的，那便是中国海陆空军副司令。

张氏说话字句快得很：“久仰久仰，常读您的文章。”是握手时的话。

“很对不起，昨天司令电话来时，我在定县未回。明天离北平了，只得深夜来拜访。”那时大约是十点多钟了。

“到定县是去看平民教育实验吧？他们工作很努力。”张氏一边说一边移步厅内。

“是的,那种工作真有希望,可惜两天参观所得有限。”

坐上一张长沙发上，继续谈了一些经过路线和此行目的。

至于访见当地人物，也是此行的一部分工作。可是对于军政问题，今晚并不预备来探问。老实说因为有一种成见，现在当局的主要人物，对外问题是谈无可谈的；至于国内时局，张氏又为纠纷中人，讳莫如深的话更将无从说起。之忆张氏好摄影爱阅书报，我就为书报内容征求一点意见。因此说：

“司令对于摄影和书报平素明了，请问取材应该注重那方面呢？”

“摄影和编报我谈不到明了，不过年轻时很爱好罢了。”他歇了一会说道，“我以为书报取材应该注重新闻，如果内容失了时间性，今天看亦可，明天看亦可，读者的兴趣就不深了。只是好的新闻照片中国还不多，摄的方法得再考究，这是你们可以提倡的。至于有些时事不许人拍照，那是不对的。”

“除新闻片外，其他材料呢？”

“其他材料以有兴味增见识为佳，如外国的 *London News*，Asia 等杂志，大概您也参看过。”

“是的，那些杂志取材很广，我们这回旅行摄影，一部分是供给他们的。”我说了，继续谈了好些关于照片的话。我打算早回寓所收拾行李去，就拿簿子请题几个字。

他到隔壁书室拿了毛笔和墨盒来，左手持簿右手执笔，用吊腕来写，一边在说：“我的字不行，若是放大字而写更不行。”

无言的几分钟，我在看他身上素称入时的装束。虽然晚礼服领结上垂着两匹张作霖式的胡子，可是看他写字时右脚站着而左脚踏在椅子上，终于露出Prince of Wales式Sportsman的态度。

我接回簿子，在客室门边说句告别的话。

“可惜时间短促，”张氏几指着甬道彼端的一班人，说，“那边有几位义勇军的代表，现在要接见。”歇一歇他续说：“我告诉您一个消息，今天他们有敢死队炸沈阳日军军营，不知牺牲了几个人的性命。”

沈阳，义勇军，这些问题今晚打算不提问的，而临走却听到。我真想究问下去，可是已经告辞在门口。

他的话还未断语调却转了低沉：“可惜你们得不着他们的照片，近来死了好些不出名的英雄。”

听这句话是应该有所感动的，我不觉回答一句：“世界上最伟大的，是做了伟大事情而没有人知道。”

在回寓所去的车中，我脑里留着一点谜。自九一八后举国共责的张学良，汪精卫因他不抵抗而愤然去国，我们在杂志上亦履加指摘和讽刺。而另一方面有暗中接济和指挥义勇军的传闻与迹象。此两者之间不能没有谜题存在。

失地至今是失地，亡羊补牢未为晚。在我们热望多过冷观的人民的眼前，但愿张氏终有解答谜题之一日。

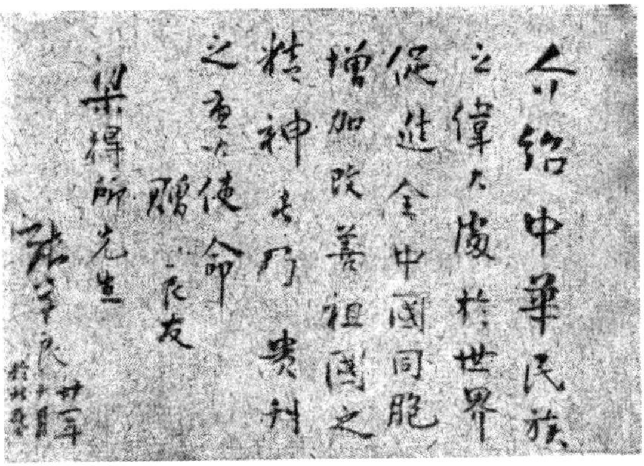

海陆空军副司令张学良的题字。

全国猎影记之四

西北的印象

（梁得所）

无尽的富源

中国目下患穷，民生凋敝的景象随处显露。天灾人祸酿成的饥荒不在话下，就是太平盛世的都市中，找不着职业的人很多；往时较为宽裕的华侨，近年受政治和经济的排挤，许多失了立足地，甚至施粥不饱继而送回祖国。这年头谋生好不容易，还有大学中学造出一批批的人才，许多得了文凭愁饭碗。吃饭问题未解决，其他一切谈不到。

可喜而又可叹的，中国并非真穷，不过偶然拿着仓库的钥匙而挨饿罢了。

中国仓库之大，早已引起世人且妒且羡，单说西北河套一带，富藏就够享用不尽了。

河套就是黄河中流大湾的沿岸地区，穿过绥远宁夏甘肃几省，离中土并不很远。因有黄河水利，这一带宜于耕植的土地约有十六万顷（一千六百万亩），现已开辟的不过四万顷。天然物产种类繁多，农矿动植百物丰富。现在举几种普通的物价，阅者试将中土的比较一下，就可略知地旷物贱的情形了。下列物价，是最近在市面查问的。

土地既多丢荒自然很贱，可以不用付钱而领取，要买的话，官厅所定甲等地每顷八十元（每亩只值八角）。农产最大宗的小米每百斤值洋三角，白米（只产于宁夏）每元四十斤。猪肉每元十五斤，牛肉十二斤；乳酪每元二斤。鲤鱼（五原产）每元二十斤，雉鸡每只一角。羊毛每百斤价约十五元。白煤每元一百五十斤。还有一物盛产价廉而可叹的，鸦片烟膏每元竟买二两之多！

就照上面所举，小米简直贱如泥沙。至于用网罗捉的雉鸡也贱得有趣，如果带猎枪到西北来打雉鸡，每发一弹照沪价费银二角二分，就算枪枪打中也要亏本。

农产品的价值每年上落不定，因为农作倚靠天时，人事成分极少，播种后听天由命，农民没有处置方法。前年大旱，闹旱灾；今年风调雨顺，结果丰年谷贱，谷贱伤农，每亩所产卖出不够纳税，以至许多田主弃田而逃，竟成“丰灾”！中国真是无奇不有。

生产过剩最大原因是运输不灵，即如今年绥远有一批小米运往陕西，货价五千元。运费却要七千！

由此种种说来，人民生计是很复杂的问题。交通和治安之整理，社会和人事之改良，各方面连锁进行，然后能将富源开发。苏俄五年计划之成功，便是很好的例证。国计民生的责任首在政府，政治未上轨道就诸多困阻；然若一切诿诸政府，中国就无事可为。结果还是靠社会人士渐加注意，改进营谋，补充政治所未及，则“开发西北”不但可以救穷，并足以奠国家于富强的基础了。

屯垦的过去现在与将来

西北之开发，早已有人注意，而屯垦的设施，三四十年前已经实现了，那是外国人所经营的，至今留着相当势力，我们沿途见过好些天主教堂，就是外力屯垦的机关，西北当前清外交失败时，一部分赔款以地抵价，西北由是有外国地主；后来借着传教条约，又占了不少土地。他们势力所到，随便筑起土堡，凡奉教的都受保护，并获衣食给养，替教堂耕作。教堂坐享地主之权，一般贫民赖以生活。土堡内房宇园林，简直有世外桃源的景象。天主教的屯垦设施非常周密，可是土地主权是侵占的，人民只供其役使而已。冯玉祥在西北时曾加以取缔，地权收回不少。可是近来外国又改变方针，用钱买地，黄河沿岸好地渐入外人手中，(比利时势力最大)。中国向来对于荒地不加注意，等到外人拿去发展起来，然后警觉利权失丧，这是近代史中可叹的景象。

除天主教之外，屯垦的工作，冯玉祥曾致力举办。当年移民到西北来,有二万余人。可惜缺乏组织,冯氏去后，那些屯垦的人口，强者流为土匪，弱者尽遭劫掠，一场经营，结果归于失败。

最近一两年，内地人士组织过几个考察团，到西北从事调查，这是很有意义的事举。至于实地屯垦，只有阎锡山主办的兵垦，民垦还未有。前几个月上海报纸赞助宣传出发的西北屯垦团，名义引人注意，实则十几个毫无准备的青年，未到西北就闹意见拆散了。

现在，有实际有希望的，是阎锡山主办的兵工屯垦。虽然正在创试未有什么具体成绩，可是组织办法能参考已往得失而获把握。此次到五原的时候，曾访该办事处晤处长周剑吾先生，沿途又遇过几位负责人员，谈起来有几点可以注意：

第一，用兵作先锋，裁出的军兵在生活上无以安置，最合移植荒区，而且他们有自卫能力，又受过相当团体训练，比民垦较易施行，可作民垦的预备。

第二，办法公私兼顾，屯垦的士兵，数百人为一队，筑堡聚居，开沟灌溉，每人由公家给地一顷，另借与农具和生活费，每年抽纳一部分收获抵还，五年后还清，那一部分产业就永远是他的，不过土地是永租权，不能变卖罢。这办法使人目前衣食无忧，而将来有远大希望，人人自然乐于努力。万一公家失败，反便宜了各人不用还债，并没有如工厂倒闭则工人失业的危险情形。

第三，从小规模办起——现在初办只有一队，明年预备十队，这样量力扩充，自易见效。

照这样看来，倘能实际办下去，兵工屯垦很有把握，并可为民垦开一条先路。

至于将来的工作，华侨大可注意。侨胞富有冒险精神和坚毅魄力，最能胜任。出洋过埠去卖力，为他人作嫁衣裳，赚一个钱受一肚气，何如在本国做主人翁？良友读者华侨很多，希望以后这杂志能多尽一点力，对于建设的消息有所报告。

至于国内读者，或多安居乐业无意于外务，可是生活和精神未有出路的当亦不少。今日的刊物，与其徒供不得志的青年发表忿慨文章，不如共同探索解除愤慨的出路，本报自然乐尽一份责任。如果真的有人由此引起注意而终于大展宏图，使“西北开发”成为国计之基，不致永为纸上美谈，则良友固不虚发，而在下今夜寒旅陋室中，屡就烛火炙溶笔尖的冰而写这段笔记，也就不算是毫无意义的事吧。

忍耐的交通

由包头到兰州，这段路程不够三千里，如果有火车的话，两三天可走完。而我们竟走了一个多月。这段路曾有长途汽车，行程不过六七天。可是最近通行的，只有包头至五原的一段。

汽车由包头到五原，四百余里一天赶到，快是快的，可是坐得苦也够苦。那所谓长途汽车，是内地买来的旧货车，无蓬无栏，行李货物堆扎之后，十九个乘客坐在上面：坐着当中的，周围受压迫，我幸而坐在旁边，却又始终被排挤，若不是挽着行李的绳子，早就被抛出车外了。塞外冬寒，西北风挟着沙土迎头吹来，虽有皮袍皮帽，难免双脚冻僵。车行十小时，中途又因断桥耽误两点钟，入夜才到五原。下车彼此道贺，居然还有性命。

到五原打听前途确无汽车可乘，一则以喜，一则以惧。

喜者不再吃汽车的苦，惧者行程时日将大超预算了。既是必须前进，只好雇乘骡车。由五原起行，往后三十五天，除在宁夏停过两日，其余每天都过着骡车生活。

记得在津浦平绥火车站线时，日子非常贵重，往往专乘夜车以便白昼到站，不碍摄影工作。一到西北，宝贵的光阴被骡车耗费了，心里实在着急。屡次催促车夫赶路，那抽大烟的车夫，终于用很有涵养的喉音答道：

“我赶了二十多年的车，知道客人都是着急的。可是你催我也快不来；过了一站又要好几十里才有住处，不能随便赶的。你着急我是这样走，不着急也是这样走，还是请你不要着急罢！”

事实是如此。所以我给一位性急的朋友通信中，说及“西北旅行最好练脾气，除非你不来，不由你着急”。

日子多不算要紧，最闷的就是车上无事可做。车行震荡，不能看书，更不能写字。途过荒地摄影的材料毕竟单调而有限。躺着睡觉吧，刚要睡着又因道路崎岖而震醒。

西北的道路是不成道路的。记得一个瑞典的游历家说：“中国只有足迹，没有道路。”虽说得过火，然西北情形竟是如此。所谓路，都是骡马和人所踏成的罢。路的两旁被骡的粗轮碾成两道凹沟，湿软的地方深至一二尺。往往看见前头的车陷着半天拔不起，我们鉴于前车就小心绕过；可是当我们前行不久，竟又做别人的前车了。

没有道路更谈不到桥梁，有时为过一条几尺宽的水沟，因板桥太狭，竟要把整部车辆拆散，车身和行李逐件扛过，车辆逐只滚过，然后重新装驾，这样就得费去个把钟头。

讲到桥，又忘不了包头到五原途中所遇。一部汽车驶过那柴枝和草泥搭成的桥，桥断车折，我们所乘的汽车到来无从渡过，只得和对岸来的一部换载回行。当时因为感着麻烦，同行的张君说：“这条路既行汽车，就该有一道好的桥呀！”旁边一个乘客答道：“该有？中国该有的东西多着啦！他妈的，这地方如果给了外国，莫说好的桥，铁路也早就有了！”

话说来倒是痛心的。绥宁铁路前清就已规划，现在我们到此仍要坐千年古式的骡车。他如粤汉陇海，不知怎的总不完成。水陆交通事业不振，地方物产贵贱悬殊，农矿工商无由发展，民情风气南北隔阂，阻碍一切的进步。说政府有知其重要吗？计划方案早不规定。说政府穷吗？年年打仗打不尽。

希望当权者早息内争，从事建设。这些话已变成早已唱厌的旧调了。尚再为中国落后而发感慨着急，适足见自己幼稚不够涵养而已。写到这里，不禁想起那抽大烟的车夫的说话：

“你着急我是这样走，不着急也是这样走，还是请你不要着急罢！”

打尖与留人店

西北途中，每天停歇两次。近午停车吃午饭，叫做“打尖”；傍晚歇宿，是住店。打尖和投宿的客栈叫做“留人店”，简称日店。

路途所过荒凉地带，往往半天不见人烟，普通每隔三五十里，有一两间留人店，供行旅人马休息。这些店的形式大致相同，都是矮小的土房子。前面矮墙围着一个院子，以便安放车马，通过那满地骡马粪草的院子，就到窗子般大小的店门，门内唯一的房间，兼有卧室和厨房的妙用，里面的布置，左右两个土坑——高约二尺的泥造的大床——坑头设灶，烧饭时火气通过坑里，晚上睡铺借以取暖，可是一坑之上，冷热不匀，睡近灶口的受“炮烙之刑”，离灶远处又如“卧冰求鲤”！

燃料中最好的，有西北荒地特产的野草，长五六尺，未割下来草就干燥易燃；其次罂粟花梗和荆棘；还有一种火猛而有炭的燃料，就是晒干的牛马粪。

粮食以小米和面为主，另有一种莠麦，据说性极寒，不吃惯的吃了要腹痛：胡麻子油本地人也惯吃，不知他们的肠胃怎的受得住泻剂。我们沿途的粮食只好自己带备，烧饭煮菜也是自己动手。起初买了每元十多斤的猪肉做成咸肉，可是沿途店家多半是回教故不便吃。又此地野鸽很多，我们曾徒手捉了几只，而店家又不许我们宰杀，因为北方一带，都以鸽为神鸟。

途中饮食起居都不易惯，时间就更多耗费：晚间进店弄一餐饭，胡乱吃了，点起洋烛，在那马粪烟与鸦片烟混杂的房间里，伏在诸式人等共睡的土坑，写一点笔记或通信才就寝。睡到三四点钟，又得来赶路了。此时只见满天寒星满地霜，颇觉冬季旅行之苦；可是转念如果夏季到来，店里翳闷的空气和当时得令的臭虫，必定叫人加倍难受，这样想来，倒又觉得自己的幸运了。

沙漠纪行

在坚冰初结的黄河边。
我们下车步行沙漠上；
困旅的畏途偶成游览区，
荒凉何必再加叹荒凉；
且将足迹留下几步罢，
虽然是暂时的印象。
偶见荆棘吐着好几朵白絮，
因是荒漠之花我们替它照照相，
正如昨夜杨家堡里小店的灶前，
站着一个活泼泼的乡姑娘，
叫骡夫们围灶谈笑忘倦了，
年轻的三土子还殷勤地替她拉风箱。
又见骆驼白骨半埋黄沙里，
生前粗贱死后更粗贱；
我拾起那枯颅放在骡车中，
想带回去做旅行的纪念，
不意中途竟又失落了，
叹彼傲骨不肯受人怜！
一步一步耐着走，

愈步愈觉其辽远。
登临百级的山冈，
不及十步行沙的疲倦，
岩石当前反叫人鼓勇攀登，
绊足的东西偏是细而软！
在坚冰初结的黄河边，
我们下车步行沙漠上；
困旅畏途偶成游览区，
荒凉何必再加叹荒凉，
且将足迹留下几步罢，
虽然是暂时的印象。

偶然的谈话

在五家地打尖的时候，一群小孩子围拢来看我写字。其中一个七八岁拖着鼻涕而样子颇精灵的，看得最出神。我问他：

“小孩子，你叫什么名？”

他笑眯眯地望着旁边的另一个十一二岁的孩子，仿佛不知如何说好。于是旁边那孩子代答：

“他叫做七十三，是我的弟弟。”

“那么你呢？又叫什么名？”我续问。

“我叫做七十一。”

“哎唷，你们有七十几个弟兄吗？”

“不是，只有三个。”那孩子答着。

“那么，七十二呢？”我眼望孩子群中，看有没有相似的面貌。只听那孩子说道：

“七十二不在这里，前年卖去了。”

“怎的把他卖去了。”

“我爸爸要钱抽大烟。”可怜的孩子，很老实而微带感伤地答了。

惟有七十三，依然笑眯眯地拖着鼻涕。七八岁的小孩子，不知人世有悲哀。

车夫黄宝子看我们的照片，发见一幅冯玉祥近影，拿起来对他的群侪说：

“这是老冯，你们不认得，我才认得他。”说时竖起拇指，意思不知是夸赞老冯第一呢，还是夸赞自己认得老冯。

“你怎么认得他？”我问。

“怎么不认得，我跟了他三年，在卫队第一旅当班长。”他很高兴地答，并乘机述说个人历史光荣的一页“那年队伍走这条路，打尖时我吩咐店家喂马，限一个钟头喂好，不得有误。正如你们现在催我喂骡挂车一样。”说着，脱下帽子搔搔脑袋，言下不胜今昔之感。

“后来怎的你又不跟他了？”我又问。

他摇摇头说：“那年打败仗，队伍到开封散了！哎呀，打败仗苦得很，旅长给我们每人发五块钱，叫我们各人回家去。”

“开封离五原那么远，你怎样回去？”

“我买了两只骡，一挂车，赶来做生意回去。”

“瞎说！你五块钱买骡买车？”

他低声答：“把枪卖了，一枝快枪，一枝盒子炮，合共卖了三百块钱。打败仗没有办法呀，我们好人又不肯做土匪。

是的，他和许多卖枪的兵却是不肯或不敢做土匪的好人；至于枪械流落民间助长匪患，那是打败仗没有办法呀！

* * * *

黄渠堡店家都住了队伍，只有半间可容客人，我们就进去住。

几个大兵来攀谈，其中有一留着髯子的，问我们是不是南京派来画地图的。我告诉他们我们只是来照相。

“照相？”他忽然喜形于色地说：“你们也镶牙的吧？”说罢，张开嘴唇，露出两只崩了的门牙。

我骤然听来，颇觉他们问得语无伦次。后来一想，内地照相馆多半兼业牙医，店门都写着“照相镶牙”所以那位大兵听见照相，就以为崩牙遇救了。

我的回答自然使他失望。照相而不镶牙，在他看来，仿佛做和尚而不念经，或身为女学生而不会跳舞一般的奇怪。

他们还是围拢站着，我便信口问：“你们这里队伍弟兄不少吧？”

“不多，只有一大连，一百六十人。”还是那胡子的答。

旁边站着的一个闲人插嘴对我说：“他就是连长啦。”

那有胡子既被介绍，颇以我现在才认识当地最高长官尚未为晚，于是欠身谦恭地答：“我就是。”接着又说：“我们的是大连，只有连长，没有营长的。”他的意思是：“我虽是连长，可是身份和营长相等。”

事在人为

西北地旷人稀，不像大都市的人浮于事，因此没有乞儿，可是一般平民的衣食住，也就像都市乞儿的一般肮脏寒苦。沿途所见，人民过着牛马的生活，——不，谈不到生活，只见生存而已。

颇足诧异的，沿途简直没有见过一个胖子，而老头儿却特别多。原因大概是绝对没有安逸生活，无从养成胖子了。同时因为村野空旷阳光和空气充足,人的寿命比较长。不过，在这情形之下，多活一岁就多做一年牛马罢了。

环境的困迫是可怜的，然而我们不能完全归咎于环境。人民性格之低劣，叫人无从怜恤，潜藏在一般平民血液中，慓蛮而懦怯，贪小利而无进取，这些性格，都是以代表中国民族中最不长进的一部分。

一般观察如此，试举一个小例谈谈。

在河拐子的一朝，车夫向客店的老翁买米，发觉少了半升，于是咆哮大骂，照例是骂他的祖宗。

两人正在开始吵闹，旁边的一个少年（大概是老翁的儿子），也就参加，三人谩骂成一片。

一会儿那少年的声音独响，说：“我们这店是冯督办盖的，我们向马主席领票来开的。你有眼不识人！我就不收留你们又怎样！”

车夫听了，果然静了一下，大概因为“督办”和“主席”似乎是官，而“票”之为物，总含有多少威权罢。

还是另一车夫，就是那抽大烟的，插嘴调解：“算了罢，老汉，咱们要上路了，该付你多少钱？”

此刻老翁负气地说：“一顿面三毛，另外每挂车收三毛！”

“什么！”那年轻的车夫又发火气：“停车规矩不算钱，顶多也算一毛罢。”

“可是咱们偏要收你三毛，难道你敢不给？”老汉和少年都露出资本家和债权人的神气。

我在旁边听得实在不耐烦，想起日来所见都可怄气，当下就张声对他们说：“你们要吵到什么时候！爽快付钱罢，不服就到外边大家互相揪打一场罢！打完我们要赶路！”

不料倘在广东一触即发的提议，在这儿却毫不发生效力。他们还是集中于一毛与三毛的谈判。

又是那会说软话的车夫调解，得由三毛减为两毛。当他给一枚大洋找兑时，再用央求口气说：“老汉，多找我们一毛算是给我们打尖喝茶吧！”

老翁伸开两只手，说没有零钱，车夫便出去了。车夫去后，他从衣袋里掏出几张毛票，得意地笑着对我说：“零钱咱是有的，咱不给他。”

我无言地出了店门，在曙光中远望，辽阔的平原仿佛静默地期待着，期待那些有资格有福分享受自然之赐与的人。

贫苦不能怨天，因为天只能帮助那些自助之人，使有者愈增其所有，无者连他所有的都夺去。

我再眺望曙光中的平原，仿佛看见太阳已放射金色的光；微风吹荡麦田的谷穗，同时送来阵阵花果的清香；池畔的羔羊在跳跃，趁着勇敢的青年男女的歌声——这是梦，是黎明之梦！

西北一瞥
A GLIMPSE OF NORTHWEST

（良友摄影团）

Wool is a famous product of northwest.
西北盛产羊毛，下为包头所见之一斑。

A Catholic church in the northwest.
西北河套之天主教堂。外人势力遍及内地，可见一斑。

The land of undeveloped resources in the northwest.
西北——尚未开发之富源。

A fine structure in the northwest.
沙尔沁招之建筑，与现代都市之立体建筑相似。

The white pagoda in Suiyuan.
绥远名胜白塔。

The Kuomintang slogans on the city-wall of Suiyuan.
绥远城墙上之国民党标语。

Chickens seasoned in soy can be had in Suiyuan at 20 cents each.

西北鸡价甚廉，在绥远车站所见之酱鸡，每只只售洋二角。

Travelling in the desert of Ninghsia.

宁夏省中沙漠上之长征，骡车走动艰难。

Northwesterners wear heavy fur gowns to keep away cold.

西北严寒，该处人皆穿老羊皮袄御寒。

They are shown in the picture listening to the storyteller.
听说书——绥远平民生活之又一斑。

A big store in Paotou.
下：西北包头最大之商店。

The natives of Suiyuan, mostly idlers, spend their time in eating-houses.
绥远市民多游手好闲，终日提鸟笼在茶馆吃茶。

The Liang You phototaking party passing a farmhouse.
良友摄影团之生活片段：摄影团在西北军过某村庄时摄影。

The party after alighting from their carts.
全体团员下车摄影：右至左：干事司徒荣，主任梁得所，摄影张沅恒及欧阳璞。

The cart is taken apart on coming to a narrow bridge.
路过一处，桥窄车身大，乃拆车过桥。

The cart with its wheels taken down is carried across the bridge.

拆车过桥之又一影。

Mr. Ou-yang Po prepares meal for the party in a small inn.

欧阳璞之备餐。客店大门短小，出入须鞠躬。

The temporary cooks dress chickens for meal.
临时之厨师：价廉物美，杀鸡弄膳。

Eating watermelons while wearing fur gowns.
身穿皮袄，口吃西瓜。绥远秋冬盛产西瓜。天寒食之冷澈心脾。

Mr.T.S.Leung writes for this magazine sitting among heaps of grass in the sun.
猎影记之产生：梁得所君在太阳下草堆中为本报写稿。

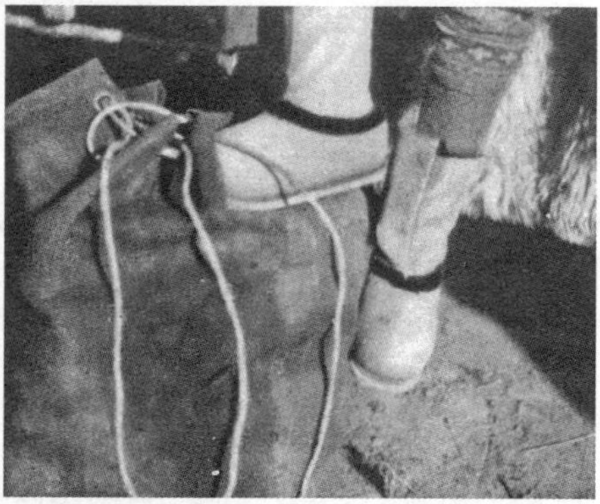

Felt shoes and fur stockings are necessary to keep the feet warm.
毡鞋与皮袄：为足部御寒之妙品。

Mr. Y. H. Chang takes pictures while the cold north wind is blowing.
朔风怒号中之工作者，张沅恒君。

Mr. Leung shows and explains his pictures to a Mongol.
某半汉化之蒙古人索观照片，梁得所君为之解述。

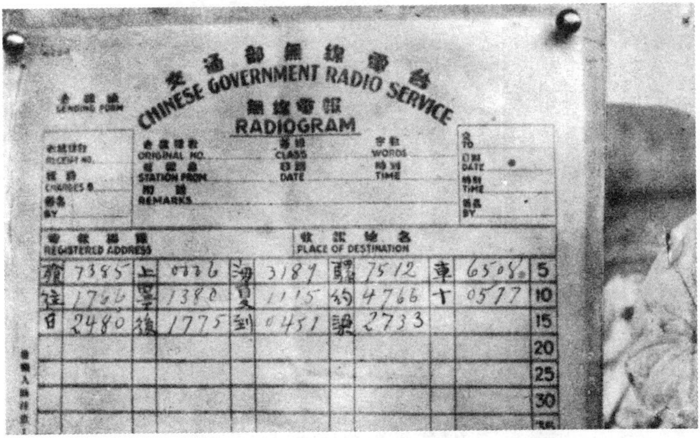

A telegram sent to inform the Liang You Co. of the whereabouts of the party.
报告总公司行踪之电报：由五原起程往宁夏时所发。

Films of pictures taken in the journey are mailed to the company in Shanghai.

一部分之收获：沿途所摄照片，冲洗编号写说明后封寄上海总公司。

Mr. Sze-to Yung goes to the post office to mail the films.

底片付邮寄沪，干事司徒荣君持西北途中摄获之底片付寄。

全国猎影记之五

中原日程摘录

（梁得所）

旅途中，除每段一题的随笔之外，每晚另写几行日记。聊志行程以备遗忘。现在把甘肃陕西河南等省途中所记的，抄录几节，寄归最近期良友。

十二月廿六（甘肃平凉）

早起检点行李，九时挂车，冒雪起行。由此往长安原有长途汽车，可是长安道上多古迹，公共汽车不便停留摄影，是以宁可多走几天，决定雇骡车前进。

出东关，大道宽展。这是西北唯一的大路，就是前清左宗棠平回后所筑造的，路宽四五丈，横贯中原，由潼关通出玉门关。路旁种了两行杨柳，至今树干大的有两三围抱，虽然严冬叶落，可是疏枝联行，点缀雪野，也就不觉得太过荒凉了。

左宗棠是西北建设的第一人，当年平定回乱之后，兴办实业，交通，学术，西陲盛极一时，而两行杨柳，更永留纪念。话说当时有一个文士送他一首诗，有两句说："新栽杨柳千条绿，今日春风度玉关。"因为唐诗有云："羌笛无须冤杨柳，春风不度玉门关。"意思是说西陲荒鄙，不入教化。那位寒士就根据唐诗翻过来，赞左宗棠的杨柳，

An ancient stone bridge outside the Hsien Yan city.
咸阳城外古桥名丰桥，完全用农人磨麦用之石磨筑成，实属罕见。

Picture of the Liang you photographing group taken in a temple South of Chingchuan, kansu.
甘肃泾川县南石窟寺中之良友摄影旅行团全体。

巧妙而不着痕迹地，把他的军功政绩和教泽，表扬尽致。左侯看了很高兴，召寒士为上宾。善辞令者占便宜，古今人物谁不爱叫人赞美。

是日行程七十里，暮宿白水村。

廿　七

为了想早些赶到南石窟，晨四时便起行。天亮经过黄村，吃红枣饭作早餐。中午到泾川。摄瑶池古迹后，向石窟所在，乡人都不知，只好向县政府访查。

进县署，见县长季子英先生，浙江籍的老文人，同时

Carved images of the Tang Dynasty in a temple in Chingchuan Kansu.
甘肃泾川县大佛寺之唐代塑像。

Beautiful images carved in relief on wall of the Lohan Cave in Chingchuan.
泾川县罗汉洞壁上之浮雕，精巧玲珑，堪称艺术之珍品。

遇驻防的孙震宇旅长。既知我们为访古来，坚留住署中。代查县志，知石窟确址。只因天晚不能即去，于是同到附近散步。在文庙垠堆中见南石窟寺残碑，扫雪细览，下款已缺去，据考古者云，似系是初魏曹子建所书。县长答应保全这件古物。

廿 八

南石窟之行如愿，旅部借马，结队出南门，十五里达目的地。涉泾水便到山前。山壁石洞大小成行，连绵十余里，其中最大的有佛像十余尊，壁上并有释迦事迹浮雕，风格与云冈绝似，同是六朝遗迹无疑。可惜年代过久，水成岩冲积层易被剥蚀，塑像多残缺。其他小窟有洞而无佛，人事摧残，古物无人注意。数年前有美国安德生探得地址，几次来盗佛像，末一次被乡人捉住，结果只赔六十元。而安氏名利兼得何止千百倍。

由南石窟再行十五里，到罗汉洞，佛像修葺失真，多不足观，可是洞的形势很好，峭壁上凿隧道，诸洞贯连，外开窗穴透光。山前远望似无物，进去另有洞天，构造巧妙得很。

这天所摄片数不过三四十，量虽不多，而美术和考古上，很有相当价值。

回到县署，县长特拓石窟寺碑分赠同人，另外亲自刻石章一枚见赠，留作纪念。

三十一

继续行程，七十里至永寿县。住店室陋无门，地在山

The city tower of Tungkuan.
潼关城楼之壮观。

A grand view of Tungkuan.
庄严雄伟之潼关。

坡下，气候很冷。

是晚除夕，照例想吃一餐，小地方没有吃处。结果以七毛钱买得两只瘦鸡，借饭馆炉灶自己烧饭弄菜，居然喝了两杯白干。

回到店里，把席子挂在门口遮风，想写点东西，太冷，还是睡去，不知新年何时来。

The Big Goose Pagode in Sian, capital of Shensi.
陕西省会西安之大雁塔。

一月二日

路斜下，车行很快，早起由五时至十时，五个钟头赶七十里而到咸阳。咸阳为古之名城今之大县，商店很多。入城穿过街道，看见两旁店户张贴新联，原来此地已实行依阳历度岁。对联中有“度阴历乃遵阳历，出旧年而入新年”，“商民乐于市，耕者有其田”，句语颇能脱俗。想不到这座古城却有一番新气象。

出咸阳，渡渭水，长安大道平坦。经三桥镇，是阿房宫遗迹。照地址看；面积不过如普通的宫廷，至于史书所载三个月烧不尽，那是不足信的。或者原意指兵燹其中，三月有余烬而已。

下午三时到长安，这便是陕西省会，西北第一大城市。位置在骊山之麓，渭水之滨，前面一幅平原，有天然的形势，不愧为历代京都。城墙规模与北平相似，马路宽阔，路旁的沟渠整洁，房宇格式颇匀称，可是都已陈旧了。古昔的繁荣已成过去，政治和经济的重心早已迁移；时间是无情的东西，造成历史兴衰的幻影。正是：

长安帝皇都，千古逐鹿久；

失者当时无，得者今何有？！

四　日

最近因为陕西剿匪，中央军派来飞机两架，飞机师张符二君是粤人，同住西北饭店，昨晚晤谈，相约乘飞机摄长安风景。今天上午到飞机场，我们四人先后乘飞机腾空，翔回半小时，摄了不少照片。长安古都的空中摄影，前此未曾见过。可惜今天阴霾颇厚，只能低飞，过高恐不清楚。

下午继续访摄古迹，以城内碑林最有特点。古碑数百集合陈列，最古的是周碑。而柳公权的玄秘塔，颜真卿的多宝

Site of the famous Hua Ching pond in Lintung, Shensi.
陕西临潼骊山行宫华清池故址，即在昔杨贵妃出浴之处。

The Chin Tou pass outside Tungkuan.
潼关外之金陡关。

塔，和大秦景教流行中国碑，都是脍炙人口的。可惜刻碑的美术非摄影所能表现。购摄本数种为纪念。

晚上回到旅舍，知凌鸿勋先生到来，凌为前交通大学校长，现主持铁路建筑工程。晤谈后对于湘粤交通现况较为详悉。至于明天华山之行，据说山径积雪不能上，我打算无论如何到山下看过才定。

The Small Goose Pagoda in Sian.
西安之小雁塔。

五日

由此往潼关每日有长途汽车，可是沿途不便停留。利通汽车公司杜绍周经理为了赞助原故，特开专车送我们东行。晨八时出长安，二十里到临相，县城外骊山下有华清池温泉，那便是杨贵妃出浴处，现在利用泉水设备精美的浴室，我们购券入浴，一洗旅途的困顿。瓷池洁净，泉水活流而澄清，温度适体，却没有硫磺气味。下午一时到华阴庙，离潼关还有四十里，我们为了要上西岳，在此停车。先到兵工厂，那便是华阴庙的故址，参观后，驶车至太华山下的玉泉院住宿，以便明早登山。日来那道院正为剿匪牺牲的岳西峰师长公祭，院中住处人将满，我们得被招待于一室。

傍晚散步于山麓，翠竹清溪，颇有江南色彩。道院之左有“无忧亭”,前栽四棵无忧树,那种树生来就是空心的,不能成材，因为无用的原故，不愁人们斫伐，所以叫做无忧。“明哲保身”，是教人宁为废物以求存，不作任何的牺牲。其实牺牲往往是不死，而生存未必就无忧。

人人欲保其身，民族陷于沦亡；人人想做一棵无忧树，结果造成一个忧患之林。

六 日

登太华山，先坐椅子式的肩舆到半山的青柯坪，经过希夷峡,沙萝坪,毛女洞,风景渐觉雄险,几处要下轿步行。青柯坪以上就不能坐轿。迎头一幅“回心石”，意谓游人多半到此不敢再进。我们鼓勇攀登，愈上愈险而景愈奇。千尺幢，百尺崖，都是峻峭的石壁，凿有两行小窝仅容脚尖，垂着铁链让人双手揉上去。过这两险便到北峰。再上阁皇碥，养龙岭，小径凌空，下临无地，这段的风景可说是华山的精华。由中峰东峰而到南峰，便到绝顶。计由青柯坪到山顶，我们走了二十里，素称艰险的路程，加以积雪，情形可想而知了。到山顶时天色已晚，借宿道院中。

七 日

折向西峰而下山，居高俯瞰，群峰环拱，古松朝雾衬

Two giant images over 100 feet high in the Great Buddha Cave of Lungmen.
龙门大佛洞之巨佛，长八丈余，读者请注意像下二人与像之比例。

An image in the Pingyang Cave of Lungmen.
龙门宝阳洞之巨佛。

Images of various sizes on wall of Lungmen in Loyang.
洛阳龙门石壁上之浮雕，佛像大小不一，极富装饰建筑意味。

托，雄壮而悠逸，虽然不是神仙境界，可也不能叫做凡间罢。下山依原路，冰雪滑处，步履较上山时更险。除摄影外不歇步，费不多时回到青柯坪。午餐后坐轿子回到山下的玉泉院。

华山风景，可信为五岳之首。为了得摄影之处很多，我们上下两日竟摄了二百余片。

下午五点钟乘汽车往潼关，路程五十里，照算一个钟头可到。可是中途驶车失慎，机件修理耽误多时，赶到潼关火车站时，夜车刚刚开了三分钟。事无可奈，只好进城去过夜。

九　日

天未亮便到洛阳,下车进旅馆。黎明雇人力车往龙门。地点离车站约三十里，伊水之滨，凿山为窟，大小洞穴不计其数，粗细石刻，都是魏唐时代的遗作。石质很坚硬，宜于细雕，是以精彩不在巨像，而在壁间细部浮雕。这便是与云冈及南石窟比较的分别。龙门石质既坚，风雨剥蚀的影响很少，可是塑像多被偷凿摧残，陈果夫氏所谓“满山都是佛，可惜佛无头”，就是指这地方了。

摄毕归来，到车站查问嵩山路程，得知入冬以来，土匪为患不能行，不得已留待他日补摄。决定明朝赴郑州转下汉口，因为汉口是此行的第二大站，片药之添配，机件之修理，都要到那里办妥。同时我因为离开公司几个月，关于良友报和其他问题有须讨论，是以和经理相约在汉口会面。

十　二

华北紧急，军事的影响，平汉交通阻滞。今晨二时才到汉口,照定表迟误了九小时,特别快车竟变特别慢车了。

到湖北路良友公司，拆阅函电，知时局风声中，经理不便远离上海，只得要我返沪一行。摄影团现在到了工作便利的地区,个人暂时离开亦无不可,于是复电明日东归。一方面在见平汉路委员长何竞武先生之后，规定在我返沪的期间，张和司徒两君上山西五台山等处摄影，欧阳君为底片整理事和我同回上海去。

是日下午还有忙碌的，就是五百余张底片急待冲洗，启新照相馆主人过志毅先生听闻我们到了便来相晤，欣然让出他馆里的黑房帮忙冲洗，并邀餐叙。

晚上复函件，到两点钟就寝。

十　五

中午船到南京，在下关上岸，进城内略有接洽，又用长途电话接上海本公司谈了一会。

晚十时乘京沪特别快车，睡车室中检阅日记，预备给良友。原来今天是一月十五，出发至今整整四个月了。四月前的今日又是在京沪车中，原定全国行程完了才返上海，料不到现在又快与沪上同事作短期相见。数日后继续远行，往下情形，下期再告读者罢。

A ferryboat in the Yellow River.
黄河中所见之渡船，形式与吾人常见者特异。

The birthplace of Tze Tsan, a famous statesman of the State of Cheng in the Chou Dynasty.
郑州城内之子产故里，子产为春秋时代郑国之大政治家。

Another great image, also over 100 feet high in the Great Buddha Cave.
亦为大佛寺之巨佛，长亦八丈余，像旁之小浮雕,亦大逾常人。

全国猎影记之六

湘粤交通与国计问题

（梁得所）

公路的行程

自从摄影团由河南到汉口，我个人为公司的事回上海，并上平津榆关一行，耽搁二十多天。那期间团中各同事一面在山西湖南境内工作，仍回汉口候我。我曾有意思想电邀他们返沪，同由海道南下闽粤。后来感觉湘粤陆路是贯通南北的要道，近年正在开筑建设，情形知者尚少，我们应该注意。于是我重到汉口，联同陆路南下湘粤。

汉口渡长江至武昌，由武昌乘粤汉火车，一夜到长沙。粤汉北段止于此，南段一端在韶关，中间距离九百余里为未成路线。这九百多里大部分已有汽车路，一小段要乘肩舆和民船。

在长沙，访晤同乡张文德先生，询问路线详情。恰巧当时座谈所在的南国酒家菜谱小册子里，有几页附印湘粤交通指南，劝旅居湘鄂的粤人回乡不必绕道上海，同时注明陆路的方便。现将途程转述，供旅客切实的参考。

第一天　长途汽车上午八时由长沙站开，下午二时半到衡阳，路程三百十五华里，车票价五元四角。（是晚宜过江住湘粤旅馆）

第二天　由衡阳江岸车站乘长途汽车，上午八点开，下午三点到宜章，三百三十三里，票价六元三角五分。

第三天　由宜章至坪石，湘粤交界，路长不过三十五里，只因山多未有公路，须雇肩舆，每乘价约二元五角。约四小时到坪石。倘春夏季水涨，可即日乘船到乐昌，否则宿一夜。

第四天　乘北江民船顺江而下，沿岸风景很好。船行的快慢因江水浅涨而定，快者三四小时，慢者七八点。搭船每客二三元，包船每只约二十元。到乐昌后，下午三点钟有汽车往韶关，九十余里二小时可到。

第五天　粤汉车由韶关上午八点开，下午五时到广州，不分等，票价三元七角。

上列的路线，照我们经验，可谓不困难，却未能称便利。与绕道上海比较，冬季昼短每日行程不多，时日节省有限。旅费方面，行李多反不如轮船经济。最大缺点汽车各段不衔接，往往下午二三点钟到一地点就要停待次日再行，在游览者还好，赶路就嫌废时，将来公路开筑完妥，粤汉铁路中段接成，交通才得称为便利。

湖南长沙中山马路。

我们知道华北华东各海口，常受外力威胁。将来中国实业和军事，都以西南西北大陆为根据。粤汉为西南交通的干线，其重要自不待言。闻说近来已指定款项积

长沙岳麓山风景。

长沙湖南大学之图书馆。

长沙全市鸟瞰。

极筹备建筑了。我们经过村镇亦见有测量队办事处的标贴。据乡人说历来每年都有测量队来的，可见中国对于计划很是讲究的。

公路的工程比铁道较易举办，收效迅速，湖南在这一项的建设可以夸耀于各省的，已成各线，计二千余里，路基与桥梁都很稳妥，阔度斜度匀整，各站停车处颇有铁路车站的规模。

筑路成功了。西南诸省公路落成日多。交通运输问题仿佛解决了。不，问题多着哩。

煤气车之研究（燃料国产问题）

偶见一本刊物里说："中国公路多则汽车多，汽车多则国快亡。"这自然从消极说，意思是"如果中国不设法造汽车及产燃料，不断的向外国买，必至穷而破产。"

买汽车，价目有定，汽油才是无底的消耗。玩摄影的朋友都说现在底片贵，买机容易养机难。我们赚银钱去买金货，以十八世纪生产，博二十世纪的享受，这种交换是大大吃亏的，个人不觉，全体可惊，如果中国汽车飞机发达下去，中国人连吃饭的钱都要送进亚细亚德士古的老板的腰包去了。

贵还不要紧，自己没有出产，来源有断绝的危险。欧战时，法国汽油缺乏，军运困难，首相克理孟索致函向美总统威尔逊乞援，至谓汽油与战士的血有同样价值。

如果将来世界大战一起，中国就有钱亦无处买。汽车无油尚可仿甘肃办法用牛拉，飞机呢，难道当做纸鸢借风放上天空吗？

长沙繁盛之街道。

据说从前中国兵工厂需用硝酸，多从日本买来。因为买来比自制便宜得多。日本大厂无事把出品平沽帮补开销，一旦战事发生停止卖出，自己不用赶工已够用，而中国就有临渴掘井之苦。那是叉麻雀扣中章济己制彼的毒计。所以无论汽油或其他重要物品，靠人供给无论贵贱都很危险，非自求出产不可。不但战时如此，就平日工业交通，动力燃料问题已很重要了。油矿一时未能开成之前，最低限度也要找一种土产的替代品。现在就有人在研究，而烧木炭的汽车已试行有效了。

煤汽车的构造，引擎部分与普通汽车同，所分别的，把油箱除去，另装上“煤气发生炉”和炉汽的“清洁器”。炉中烧煤或木炭，发生煤气，经过炉净而输入引擎，替代汽油的作用。这原理并非现在发明，而湘省建设厅实施的研究就是柳敏和向德二君的成绩。最近仍在试验改良中，而大致已经成就了。

据我们试乘和技师的解释，结果很称意。载客量和行车速率两点，比得上汽油长途汽车，燃料省费更足满意。动力之供给，汽油一加仑约等于木炭十磅。就湖南而言，

湖南天心阁公园。

十磅木炭价格，低者值洋六分，昂者一角八分。与每加仑需洋一元四角的汽油相较，低者为一与廿四之比，昂者为一与八之比，以全国而言，如果所有三万多辆汽车都改用炭质燃料，而将来木炭石炭平均估价每石一元四角，那么，每年五百万元之土产，就可以抵制五千万元的汽油输入了。

当然，烧炭无论如何不及汽油的便当。这是退一步的办法，“一针无两头利”，计其经济，稍为费事一点是值得的，何况还可加以改良呢。

煤气之外，还有酒精亦在研究中。酒精虽比汽油贵，可是制造比采油炭有把握。飞机不便用炭，有酒精则燃料亦不必仰给外国。

解决燃料问题，飞机汽车和公路才得其用。至于机件未能自造，落后者自不容易赶上。虽然实在太慢，中国毕竟是在前进的路上走着。

有人快活有人愁（平民生计问题）

公路铁路开成，汽车火车便利，人民就皆大欢喜了吗？未必，并且有人在发愁。

由坪石到乐昌一段未通车，我们雇船。那把舵的船主和我闲谈，问道：

“先生，你可知道这段粤汉路几时通车呢？”

“快了吧。”我答。

船主皱眉点点头：“唔，快了。火车一通我们的生意也就完了。”

“那不用急，说快也得三五年罢。这段路山多，工程大得很。”

“筑路开工我们就不能行船了，听说整天放炸药炸山，石头飞下河中很危险。”

河南开封之铁塔。

“不至于阻断行船的。”我安慰他。同时，想起有一位铁路工程师说，前二十多年他有一次被乡人围住喊打，理由是“铁路筑成之后，我们东边的牛怎能跨过西边去耕田”？

那船户并不十分反对火车，也许默认火车是终须通行的。“到时再打算。”他自慰地说着划火柴吸烟。而眉头毕竟有点皱，显然希望火车迟通，最好就不通。

由衡阳到宜章途中，在汽车上望见公路旁边的旧路，挑夫往来不绝。记得小的时候住在广东北部，每天看见湖南挑夫千百成群地来往，下的一担油，上的一担盐，情境是终年不改的。现在公路通车了，为什么仍用人力挑运呢？后来打听，才知道为这问题已有不少纠纷，因为挑夫们和

开封民房鸟瞰。

一部分军队反对汽车运盐。理由很简单：他们都要吃饭。路局对他们理论，他们答："几百年来我们挑担相安，你们现在要打破我们的饭碗，还说什么进步改良？"

不但湖南如此。记得前数年良友报发表过一张时事照片，杭州的人力车夫把公共汽车推下西湖。然而后来汽车是通行的，大概因为当地人力车夫的饭碗与军队无关。

事例不用多举，我们都明白，现在的新建设，利益不能及于民众身上，反增他们负担与痛苦，虽然，痛苦是改革时所必受，拆平民房屋开马路绝对不是坏事，如果同时设法使拆屋之后平民另得安居，并使同感马路的便利。反对火车与汽车的平民，并非喜欢做苦力；然而不做苦力又做什么？难道他们敢望坐车吗？或劝他们："大家牺牲建设，将来国家富强人民都享福。"听者一部分不懂，一部分懂了，觉得那句话似听熟而同时似奇闻，终于觉得十雀在树不如一雀在手。

饥者不择食。曾经一位剿匪军队中的朋友告诉我，在前线开火时许多乡人跟来拾弹壳，驱逐他们一会又来。弹壳每只只能卖两个铜板，而他们置身弹雨中去博取，因为他们想未必就死。我又记得，在北平有一次，一个人力车夫拉到半途放下来，诡称不识路要加钱，我平淡地对他说："你拉到地点多要几个钱是行的，现在来这套，谁高兴多给你？不老实是很坏的。"他听了骤然从诚实的心说出一句："先生，我知道是坏的，都是为了穷。"

河南开封繁盛之街市。

湖南湘江渡口。

穷，就会不讲道理，有时会做出比"战场拾弹壳"更险，比"推汽车落西湖"更凶的事。生计恐慌的平民，是建设途中的大阻碍；而建设若不利及大多数民众的生计，又何贵乎建设？

从街头码头到船头（民间风气问题）

由宜章南行三十余里到坪石，在街边向人问路时顺口用湖南话，被问的看了我一下，用广东话答。我才想起已到广东了。再抬头看，见墙壁上贴着一张广告，于是更觉确然到了广东无疑。广告大字印着：

帮衬梁谦益　唔尤有仔激

那两句是广东土话，在此或须翻译一下。帮衬——光顾。唔尤——不愁。有——没有。仔——儿子。激——气煞人的气字。那广告是卖妇科药丸的，意思是购用他的药丸，不愁不生育儿子。

那广告我所谓显然广东化，不全在方言：主要者，轻松和幽默的语调，是广东各种事业生活的特色。比如“激”字，暗示出明知有儿子麻烦而仍然喜欢有儿子的母性心理。

这不过是小小一例。他如粤剧每以谐角为主要角色，报纸第一张就载杂文。都可以看出广东人无论办事或消遣，都要寻寻开心。

记得去年这个时候淞沪战事正浓，我有一次到十九路军阵地去，看见战壕中有兵士在吹箫。我觉得这是中国的光明，由洒泪写血书进到欣然奋斗。愉快是民族弹性的表现，有弹性的民族是活跃的，压不倒的。

国难时期禁绝娱乐，那是胡说。士兵在放哨守卫时当然要静默留神，轮到有片刻休息机会而无碍于阵事，趁着性命未拼去的时候，谁说不许他吹吹箫？

且说我们由坪石要乘船往乐昌去，当下就由街头走到码头，只听抬货的苦力前后唱答：

“去呀啅，鬼叫你穷！”

第一句是哼着吃力的，第二句意思是谁叫你做穷蛋，吃力活该。比如中国要用木炭汽车，当然不及汽油的便利，可是鬼叫中国自己未开采。自己没有出息，苦头自己担当。虽然这样消极地挖苦自己是无济于事，但总好过怨天尤人。

到船上，开行了。江水平缓，除船主站着把舵之外，其他三个船夫蹲在船头吃饭。吃的是大块的猪肉和大盘的菜蔬。一会儿，船渐浮近湍急的滩头，船夫也把饭菜吃完，随手在船边勺一碗江水喝了，忙站起来，拿起粗劲的竹竿向滩头支撑，双脚牢牢地站着。

这印象是好的。船夫——这么平凡的国民——并非有心做我们的模范，但我希望自己能够像他一样的——“放开肚皮吃饭，踏实脚跟做人！”

全国猎影记之七

社会的斑点

（梁得所）

关于感想

前不久遇见一位新闻记者，问我说："您对我们这地方有什么感想呢？"

他未问之前，我对那地方仿佛略有所感，给他一问，反而毫无所想了。在那位朋友的心目中，仿佛以为我凡到一个地方，下车或登岸之后，马上就去找感想。那实在太滑稽了，因为，照片是有心去找的，感想不过偶然发生，闲谈中也许说不尽，灯下可以写记一点；如果突然问起来，反而一句说不出。

把偶然的感想写下来，仿佛成为我的习惯，至于有什么可以贡献读者呢？我向来没有把握。只有一点我常常留意，就是写得简短些，庶几乎虽或晦涩，读来亦未至于头痛；虽或读了无所得，但费时间无多，亦不致太过上当。

至于读者读了又有什么感想，这我更从未过问。因为我不愿意讲了谐谈而问听众为什么不笑，更不愿滑稽到弹了提琴而问人听了悲不悲。

在中山县，看见公安局门前贴出的布告：

收买苍蝇

每两十五仙

厦门

厦门附近南普陀（下图）之大殿，该院住持为世界闻名之太虚法师（右图）。鼓浪屿为厦门之胜景，洞天为鼓浪屿之名迹。（左图）厦门大学为南国之学术中心，由陈家庚独资创办（左上图）。

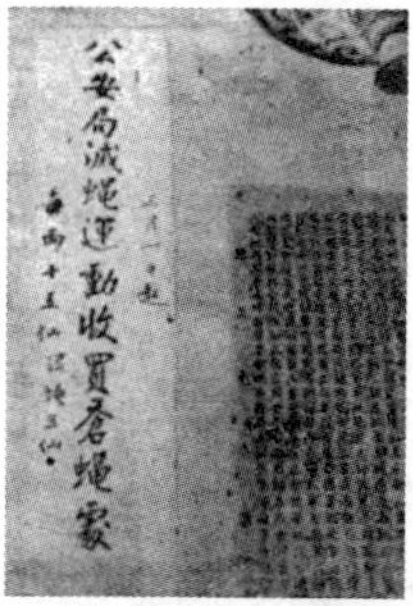

湿蝇每两五仙

那是公共卫生灭蝇方法的一种标贴，是以叫同事照它一张相，摄影的时候，旁边站着一位老头子，我以为他是局里的人员，信口问问：“捕蝇来卖的多吧？”

“这倒不知道，我也是过路的。”老头子答了，接着说他的推想：“我以为收得不多的，价钱定得太低了。如果价钱高些，自有人肯孵些出来卖。”

我听了颇为吃惊，但细察老头子神情并非说笑话，他简直不知或不留意那布告标价收买目的是灭蝇，他把灭蝇的手段认为目的了。

灭蝇而至于标价收买，实属一种苦心。于是我想到灭蝇运动有许多困难问题！

一、倘若只以卫生为宣传，结果有钱人家设纱窗可以拒蝇，知识阶级煮食防毒；只可怜谈不到卫生的穷人受罪。

二、为鼓吹贫民动手灭蝇，不能不出钱收买。可是定价太低，穷人一算，不如去捉田鸡。（虽然田鸡有益于禾稻不宜捉，但目的卖钱管得益和害？）

三、既要收效，就出高价收买罢。果如是，则捕蝇之人必多，或者捕蝇竟成一种职业。到那时，正如老头子所说，有人会孵养拿去卖了。

四、一旦捕蝇变成职业，苍蝇就不能灭。因为捕蝇者决不肯把蝇灭绝，以免鸟尽弓藏致有失业之忧。

五、如果捕蝇之业真个发达，就有聪明的人合股承办，于是主办者坐享其利，雇遣村童去动手捕蝇，不幸受毒霍乱，

福州

福州风景绝佳。
左下由仓前山远望。
左上为闽口大桥位于福州之热闹中心地。
右下图为松林中猎影之良友摄影团。
右上图即团员试取松胶之影。

香港的鸟瞰。

下：香港穷人住的房子。

香港街头的卖橄榄者，寓工作于游戏，为粤人生活习惯之特性。

香港小火车所经之暗山道。

香港富有者所住的房子。

香港从山下至山上的火车。

香港街道一斑。

香港码头外望之帆影。

死的是那班穷小子。

年年闹疫症，人民生命如草菅。苍蝇愈剿愈多，公众卫生的办法何在？

澳门的鸟瞰。

澳门街道之一斑。

澳门的妓馆。

猫

船到澳门已入夜了，远望岸上，赌馆的灯饰辉煌，缀着“银牌”“饷馆”的字样。银牌有济于民生，饷馆尤足称国计，这是葡萄牙发展澳门的成绩。

晚间无事，见广告一出影戏是朋友编的，买票进去看看。未开演前先放影幻灯广告，其中两幅是卖手枪军火的，三幅叫人买彩票。彩票名为“有奖义会”。记得吴玉帅说过，西洋文化重实利，中国重道德。有奖义会颇能兼顾实利与道德，冶中西文化于一炉。

影戏看完回旅馆就寝，闹得不能睡。隔壁房间妓女的喧嚷，离半里远可以听闻，何况相隔一层薄薄的板壁。澳门旅馆住妓女，这本来已成无足稀奇的事，怪的是她们何必那么喧闹，又不是猫。

澳门公开售卖之军火物品。

澳门的茶话室之一（即公开吸食鸦片之场所）。

澳门最旺盛的中心，即是赌馆最多之处，图为有奖义会赌博公司之一，远望鳞比者皆赌博之场所。

狗

未来福州前，有朋友问我到那里打算找谁做向导。我说相熟的只有公安局长丘兆琛君。那朋友说："你找他领导当然便利，不过和他出入该小心一点，他近来因严办了几个土豪，听说流氓要向他寻仇，他随身常带一只警犬哩。"

到福州，探访人物和古迹，丘君亲自驱车陪往，可是没有带警犬。到戚公祠登山的时候，谈及严厉治安的事，我笑问他出来怎的不带警犬。他答谓不致如外间宣传的畏怯，"不过，"他补说，"不带来是可惜的，否则可以拍张正种德国警犬。"

不带来也好，我心里想，反正我是不喜欢狗的。就是世界闻名的狗明星琳丁丁也不曾看看。

我对于狗没有好感，因为虽则听过关于狗英雄事迹，但不过听闻而已。实际平日所见，还是觉得讨厌的地方太多。

比如，旅行经过村落，群狗来势汹汹地追着狂吠。及至我掉头俯身作拾石状，还未有抛掷，它们已吓得销声匿迹了。

然而我却见过，路边有一种不声不响的狗，乘人不备，突然毒毒地咬人一口，据说有时竟有致命的危险。

我亦见过有好狗。主人带它去打猎，放枪打一只水鸭，那匹狗就跑上前咬着伤者的咽喉，衔回主人面前摇尾报功。

此外，对于狗没有什么特殊印象。至于所认为讨厌多少是个人的偏见，在此对于狗的名誉也就有所诋毁了。这一点倒不必顾忌，因为狗不像人会结流氓，更不会读了这篇文字就来咬我。

鹅

离佛山四五里，有个小地方叫做“横深”，当我们来到还是旧历新年时节，遇见只流行于当地的特别风俗——掷鹅。

掷鹅是一种赌博，五个铜板掷一盘骰子，连胜五手的赢得一只肥鹅。银币两角就三手决胜。这种新春游戏的赌摊摆满路旁，男女老幼踊跃参加。

导游的朋友告诉我们说，前不久有一个人连掷连输，输了六十多块钱，然后赢得一只鹅而去。这个傻得可笑的人，今春在横深传为美谈。

六十余元赢一只鹅，这位仁兄实在傻得可笑，然而我心里羡慕而佩服他，羡慕他捧鹅回家时何等欢喜，佩服他不肯做失败的人，无论代价如何大。

五个铜板博得一只鹅固属可喜，六十元博得尤觉可贵；惟有掷而无所获，无论输五个铜板或五十元，都应感着失败的悲哀。

当然，六十余元一只鹅是不上算的；然而是“赢”而不是“买”。赢字的代价是无数可算的。

哥伦布寻获新大陆，是以性命为孤注博得的胜利品。他曾计过上算不上算吗？他曾望想后世纽约寸金寸土的地价可以分润几个“八仙”（Percent）吗？

甘地抛了每年入息四万元的律师职位，赤膊下狱去博胜利。人生如梦耳，有洋服不穿，汽车不坐，偏去赤膊坐监牢。老甘未免愈老愈傻了吧？

世上还有许多傻子，用毕生精力去研究一条昆虫，为考究一种微菌而丢了性命。他们做了许多不上算的事情。而世界因此就进步了。

或有人说，哥伦布甘地之流，追求目标之大，与掷鹅不可同日语。那么，我再就地举一件往事。

当民国建国前，革命党人起事于广州，失败，同志趁船逃亡。其中一位陆少东先生，忽然想起秘密机关屋里挂着一面党旗忘记藏起，势将被清奴拿去侮辱。他便离船跑回去把那面旗子收藏起来，回头船已开去，自己就被缉捕殉难。一条人命换回几尺布，这比六十余元博一只鹅更不上算。

革命仿佛成功了。在拿着算盘去做官的今日，回想当年有为一面布旗而拼去性命的，世上可有更傻而更感动人的事吗？

猴

中国最南的海南岛，简直是热带地方。现在初春时节，华北冰雪未落，而此间单衣觉暖了。听说夏天亦不过如是，盛暑时节每天中午热极必洒一场雨，天气也就一阵凉快。正如曾被贬于该地的苏东坡所谓：“四时皆是夏，一雨便成秋”。

最令人有南国之感的，是那典型热带植物之茂盛。曾有一本介绍海南岛的英文书（商务印书馆出版）书名 *The Island of Palm*（棕榈之岛）。试想，在银色月下的海滨，高高地长着像一束凤尾的椰树，上面有几个猴子在揉跃嬉戏；远远听闻土人的弦乐和歌唱，像投石池中发出悠荡而不负责任似的声浪。这种景色，我们在电影看过不少，使人有世外的陶醉。到海南岛，就置身其地了。

我们置身于海滨椰树之下，又适值月圆之夜，然而缺憾得很，唱歌的土人，舞蹈的蛮女，都被文明开化的汉人驱入深山。我们费了几天工夫入岛内四五百里然后找见他们的踪迹。海南岛屿之可爱，在乎自然而幽逸，现在为众生苦劫波及了。在事业家看来，这是文明开化的状态，然而谁能说不是自然界的一种损伤？

“回到自然！”这是现代文明人的一种苦叫，十九世纪欧西美术也疯狂地倾向原始，赞颂野蛮是健康，文明是无可救药的病症。然而又奈何，我们世界终于是向文明的路前进。

在世界的行程，我们没有退后的地步。直到我们只知有前途时，我们已被宇宙的大力推纵。这是原本可怕而不应怕的局面。

我觉得我们像猴子，至少像我从海南岛买回来那一只小猴子。当我从岛中乡人手上买来时，是捕获不久而且刚被斩尾的，它的肉体和精神很痛苦。它在铁丝笼内叫喊，挣扎，自从我带回来两个礼拜，用药水洗好它尾巴的伤口，有饼干给它充饥。到现在，晚上它自动地走回笼里睡觉，对于环境不再表示反抗。不久我要送它到友人家里，将来

它的生活离出山林时代更远，对于已往的自由浪漫，不必用笼它也不逃了。这是幸福呢还是悲哀？

佛山庙宇上之精细雕刻。

上：琼州的棕树。
左：佛山之马路之一。

佛山祖庙前之石刻蛇龟，相传若去此物，则佛山将全为洪水所泛滥。

全国猎影记之八

最后的一篇

（梁得所）

摄影旅行时逾半载，未完路线尚有西南滇蜀等省。兹接伍总经理来函，以事务程序有所更调，嘱于桂省工作完竣后即行返沪，其余容再图之，此行暂告结束。下刊“桂行日志”，为猎影记最后一篇。

四月五日

轮船沿西江上，驶进广西省。下午一时泊梧州，记得十多年前曾游此地，可是建筑物面目改新，不能辨认了。登岸到大中路良友公司找向导，先上白云山，一名北山公园，也就是梧市的植林区。是日适值清明，山边坟墓多经修饰，趁着有童子军春假野宿的营幕。路上又遇见好些灰布军装的青年，原来是广西大学的学生，装束与普通兵士无异。桂省厉行军事训练，同时养成俭朴精神，教育方针如此，踏上民族自救的出发点了。我们沿着斜路步登山顶，到中山纪念堂，该堂建筑费不过八万，而外观和实用能够兼顾，颇觉可贵。俯瞰漓水与西江汇合处，水色青黄交并，故有鸳江之称。绕山而下，经省立第二中学，第一女师等校，一一摄照。回到市中，天色已晚。对河广西大学和硫酸厂，俟归途再经梧州时才去参观，目下不必逗留。晚饭后下电船，预备明晨开往贵县。

六日

西行逆流，水急滩多，电船总算稳定前进。两岸土坡平衍，没有特殊风景。舟中除阅书报外，乘闲彙抄数月来沿途友人的通信处。

七日

昨夜船泊柱平，今晨继续航行，多少见些奇峻的山峰。同事张和司徒两君出船头摄片，我在舱里略写笔记。又应广州青年会之约，把日前演讲的话追记供给会刊。街边孩子常言道，“君子动口不动手”，话已说了还要动手（写），青年会要我做小人就是。下午四时到贵县，离船踏上簰筏，登楼便是旅馆。簰筏之构造为盖有板房的浮码头，西江的水涨落无定，利用浮筏才不受江水起落的影响。此间气候已近夏，天晴更觉日落迟。当下就渡江往摄南山名胜，高峰

鸳江风景（由河滨公园望梧州市）。

各不相连地在平地竖起，这是桂省山形的特征。

梧州之马路。

八　日

由贵县到南宁，电船原可通达，我们求便捷转乘汽车。公路计程四百余里，汽车约须六小时，票价每人十二元六角，广西车费可算昂贵，运输的便利目下还未能普遍享受。早晨七时半启行，九时过宾阳县，那便是中华平民教育促进运动桂省的实验区。在县城外四五里的庐圩停歇，早餐后继续行程，十二时半到南宁。观览市况，旧式狭街多于马路，闻桂省当局鉴于农村凋落，建设方针在推进交通教育而不专注于都市。出城渡河游西园，花木颇多。归来递片致政府机关，以备访见人物。

九　日

要想知道一省的概况，单凭自己观察未免散碎，因此我们访问统计局，找些有系统的解答。这天是星期日，料想机关休息，只望得见负责人谈谈，可是到局里

贵县南山之形影。

就完全忘记是星期日，因为全部职员三十余人照常忙着办公。杨局长绰庵既知我们来意，欣然着分科主任代检各种图表，如全省的人口，财政，教育，特产等等统计，这些答案，都是我们傯傯旅行者不及调查的。杨局长并说该局成立不过九个月，还未刊出现成的印件，现在编一册年鉴，同时积极训练人才增加工作，务使将来若有人来问本省情形不论巨细都能奉答。接着领往参观办事处和职员宿舍，使人觉得那是一间学校而不像机关，细微处如壁上挂着数十人的毛巾漱口盅，整齐划一成图案。职员都是三十岁以下的男女，显然以工作为兴趣。末了参观他们工余自辟的小花园，杨氏指着园中几棵大树说："园子开成同事叹无树，我叫大家去硬搬几棵来，果然种生了。"他接着说："在我们这机关里不许人说'没有办法'，办得好不好是另一问题，办法是必定有的！"

中午，应第四集团军副总司（白健生）和省主席（黄旭初）的邀约，宴叙于省政府，得晤当局人物，但李总司令（德邻）离桂赴粤未晤。朴素静沉的省主席，倘在街上遇见尽会当他是一位小学教员，他缄默听完别人发问，然后细声作答，谈了一会，白司令进来，这身材高宏的汉子就是中国现代一位名将。经介绍彼此道及难得机会在此相见。席间谈话中，比较重要的第一是关于民团，我问：

“贵省前年对于民团组织，有三年训练壮丁一百万人的计划，请问能否依程序实现？”

白氏答：“不但依程序实现，我们更感到外侮日迫，军备应比原定计划加速进行。经好些试验和改良，民团组织成效渐著，正式军队也就每年裁减了。照此施行，十年内广西壮丁完全军队化，武力成为民众的武力。同时本省有四个高中一个大学，学生都受充分的军事训练，将来毕业可调充民团长官。这样‘寓兵于团，寓将于校’，便是民众武力的方案了。”

“征兵制度多少带有强迫性质，请问乡民和学生态度如何？”

省主席黄旭初。

白崇禧（第四集团军副总司令）。

邕柳公路汽车用船载渡河。

“起初乡民颇有反感，更不愿担负饷项；后来他们渐渐见到民团对治安的效果，而且饷项已由政府供给，现在组织绝少阻碍。学生方面起初当然也觉吃力，可是一方面使他们了解责任，现在也就习惯成自然了，总之，古语有一句说‘民不可以虑始而可以乐成’，在幼稚时代事事要人如意是不行的。”白氏答了所问，继续说：“谁不想做安闲人，可是既欲爱国而不肯刻苦负责是谓自欺。救国计划很多，但任何计划都要有人然后成事，如果有人而没有组织没有训练，虽多亦不能发生效力。今日如不切实从事组织训练，大家大言杀到东京，岂不是笑煞人的事！是以民众武备不但广西要办，各省也得要办，将来随时可调几千万雄兵，然后可谈救亡。”

“先生是将官，自然认清治军重要；现在民团既成民众惟一的组织，请问曾否利用这组织推行生计和其他知识教育？”

“有，比如识字运动，就采用中华平民教育会所订的千字课；生计方面，由农林试验场试出佳种颁发各县，”接着，作结语说，“要做的事太多，能得多些人才和钱财就好了。”

以上所记，就可代表桂省负责人发表意见的谈话了。其他有些闲谈亦足一记，即如席间有自贵州来的某君称道主席和司令都布衣布履。白氏说：“那不过环境使然，广西穷我们只配穿这些。”某君又谓如果广西山石变成士敏土，可以修好公路。白氏笑说：“变？变成黄金不更好吗？”我插嘴道：“如果山石都变金，徒然捣乱金融罢。”白氏申辩说：“未必，如果在美国——煤油大王还未自足的美国——金多足以捣乱；如果像苏俄一般，黄金不是个人私有物，就多多亦无害。”

末了，为别项会议到时候，各人留影而散。影机前的白氏精神，绝看不出昨夜通宵未眠。（回寓后阅报，知白氏昨夜亲督军校学生演习夜行军，大队偷行过南宁街道无人惊觉云。）

十 日

南宁虽是省会，采摄材料不多，昨天下午把应到的地方到了，决定今晨往柳州去。公路汽车很便，路线仍经宾阳，折向北，至迁江渡河，经忻城马平两县，下午三时到柳州，停县城对岸人民生旅店。电话致航空处友人张为皋君，不一会到来相晤，就在

南宁临江花园。

附近散步，商拟明日访摄地点。晚上渡河到柳城，张君招饮于安乐酒家，并邀黎君国培来叙。两君都是中学时级友，如今一在航处任队长，一任机械厂长。回首十年，西窗旧话恍如隔昨；异地相逢，杯酒不辞。

十一日

张黎二君领导，先参观机械厂，规模虽不很大，布置井然有序。工作以翻沙铸铁和修理机件为主，另有新办特堪注意的，是装造飞机。除发动机等要件购自外国，机身大部分可以自制，成本可减五分之二，这是近日提倡空防征购飞机所应注意。

接着参观酒精制造厂，厂中所装新式机器，用人工极少，设置得整齐洁净，在各省工厂看来可算少见。出品有百分九十六的火酒和百分九十八的酒精。酒精的用途在工业医药上占很重要的位置，出品自然求过于供。现在所用原料是糖液，手续简便，可是一来成本较重，二来雇佣工人太少，对中国经济环境未尽适应，将来如果实行

柳州航空处飞行员及教官。

用薯和玉蜀黍为原料，不但成本轻而多养工人，同时可以鼓励附近种植，并且利用酒糟约计可养猪五千头，鸡数更多，这样一个工厂连带提携农事，就工尽利物尽其用了。

由酒精厂到农林试验场路不很远，并有机械厂汽车借乘，不一会便到了。场址在山谷平原中，广约三千亩。入场道路西满并植有加利树，这种树在南中国每个农林试验场都看见，亦常见推用于公路，皆因干修叶茂，栽秧虽难，一经移植长成很易。场内花木种类颇多，集省内农作品加以研究，闻最近栽成麻秧很多，分发各县推广。场中有建筑物几间，分设化学试验和储藏动植标本之用。

总参谋叶琪。

农场对过的山上，最近利用山溪水力装置电力发动机。只因路远而且工程初起故未往观。水力发电厂在苏俄五年计划中收效很大，现在工业起势渐减除烧煤的旧法。据地质学家调查广西煤矿不丰，将来利用水电必多。

出农场折回航空处，总务科长陈善君领导参观，说及林处长赴香港送殡，因为训练主任美国教官某失慎坠死，可叹凡事不可恃经验而疏忽啊！接着同往飞行场观学生练习，多能单独驾驶。最后由教官驾驶，载我们飞升空中摄柳城的鸟瞰风景。据以往经验，我携带的 Leica 快镜最

飞机升空前之本文作者与张为枭君。

合空中摄影之用，体积小既不碍风，片质特宜于放大。在空中飞翔约半小时，见柳城形势天险，U字形的柳江围住三面，附近高山环抱，桂省有意定此为省会，非无缘故。最美观的，柳江深绿的水上浮着一排排浅黄色的木材，看见了联想起柳州棺材是有名的，所谓“生在苏州，穿在杭州，食在广州，死在柳州”。如今悬命空际，偶一失慎，何难像那美籍教官死在柳州。不过一想到生死问题，我就相信有命运存在。一个人未该死，飞机上翻几个筋斗精神百倍；应死时躲在床上亦避不脱。中国人怕危险，因此国势日趋危险了。你说飞机危险吗？床铺比飞机危险得多哩，不信试统计一下，世上死去的人，死在飞机上的多呢，还是死在床上多！

空中下来时，不过下午三点。离机场，游江边的立鱼峰，这是柳州名胜的代表。渡江走过柳城的街道，访摄学校和公园，见柳子厚衣冠塚，天色也就近晚了。这一天多得当地友人的引助，时间绝无虚费，天气又好，一天内竟摄获二百多张各类的照片。晚上陈科长设宴招待，席间大半会飞的朋友，戎装青年多豪兴，宾主尽欢而散。

十 二 日

阴雨。早起雇汽车往桂林。军行百余里机件发病，司机修理耽误多时不得要领，我意原因早上添汽油时雨水洒入油罐，渗杂致碍燃烧，果然据此治理而继续行驶。雨湿路滑车开不快，加以沿途有七处要船载渡河，以里数计与由邕赴柳差不多,需时却多三分之一。下午二时经过荔浦，产芋有名的地方。到这里渐入佳境，只见群峰迎人，近浓远淡，满目是天然的山水画。到阳朔，峰峦更奇，有像雷峰塔，有成牛角形，真可谓岂有此理。往常诽责中国古画山水幻造，看了这些觉得多少是有由来。微雨霏霏，闲云出岫，对这情景颇欲作诗而苦不得佳句。近桂林时雨愈大景色愈模糊，愈好看愈难摄，心里忽然有点画兴，可是那种神妙的意韵大画家尚难写出，何况我这生手的素人（玩家）呢；虽曰自己遣兴，然而把甲称天下的风景画坏了，于心何忍？于是乎摄影“冇得”,作诗“冇成”,绘画“冇制”。糊里糊涂地车进桂林城了。

十 三 日

春雨绵绵，直到午刻才稍减。持介绍信访林君桂鸿，得他欣然做向导，当下就冒雨到中山公园，那便是从前分封王宫故址，独秀峰就在园中，原本像这样的山峰在桂林并不稀罕，只因位在城中可贵而著名。出王城北行四五里，到风洞山（即叠彩山）。嶙峋的岩石上长着疏散的竹木，把破旧的楼台掩映成趣。我们先登洞前的虞山南薰亭，得以眺望四方。那时雨歇天青。西望漓水碧如玉带。南望远山，若象鼻，若闹鸡，层层摆在眼前。东望老人峰等处群山高亢，成为天然的壁垒，历次军事争持多少生命丢在那里。再望脚下，见桂林全城，我们就在这位置摄了几幅鸟瞰的景片。游风洞后，沿城基走到伏波山，那时天又作雨，只得回旅舍去。阅报说天雨大慰春耕农人的渴望，却正是扫了我们的兴。同一事物，人间爱恶悬殊，好与不好的标准实在不容易定。

十 四 日

天晴了，阳光不强也不弱，这是可喜的。早餐后，出城北行至隐山，寺后石洞中刻老君像，山旁另有五洞，泉水清凉乡人利用发长豆芽。回到城里找林君，同出水东门过浮桥，登对岸穿过狭街，到花桥。桥有九穹，倒影成圆形，古昔工程虽或无学而实有术。桥侧有马蹄市，卖桂林特产荸荠。北行二三里，到普陀山，穿过寺院到七星岩。点火把三枝进去，岩内石乳形状颇有可观，走了二十分钟，通出南端洞口。行约一里，到月牙山，在山寺飞霞阁上休息。折过山背见龙隐洞，回渡浮桥到象鼻山，形如象鼻，名实相称。桂林名胜大致摄遍，回旅馆托林君雇船明日南下。林君挽留多游几天，说我们日来物偬工作未领略优游意味，可不辜负名山？然而我们行程不欲更改，回想数月来逛过好些名胜，照片到手不谢而去，俗人业重，不免见笑于山灵了。

十五日

这时节漓江春水未涨，民船由桂林到平乐需时两日。我们雇船顺流而下，坐蓬上浏览两岸山景，深觉真正好山不在桂林，沿江无名的多极俊秀，无奈生不近城，竟让平凡的独秀峰名扬海内。如果漓江群峰变成中国文人，想必作诗大发在野的牢骚了。是日舟程九十里，停泊兴坪过夜。

十六日

黎明继续行船，仍有许多好山，到阳朔上岸逛了两点钟。两日所摄风景，比在桂林更多。沿江行程无阻，下午四时到平乐。由此有电船通梧州，我们便离民船暂住旅店。

十七日

电船改迟明日开行，平乐地方又无特别可观，在旅店整理照片。晚饭后下船去，以便明早开行。

十 八 日

漓江的电船，与前次由梧州赴贵所乘的相似。水流比平乐上游平坦许多，浅滩可也不少。在夏天水满六七个钟头可到，现在一天不能。沿岸风景平凡，船中阅书过日。夜泊良丰。

十 九 日

继续航程，渐见江水黄浊，因为连日下雨，支流涌出不少淤泥。中午船到梧州，别来十余日，惊觉树木叶浓而变深绿，南国之春，是充满生气的。入旅馆沐浴后，渡河参观广西大学，农科教授友人熊君襄龙招待。校址占山半座，形势与武汉大学相似。现设工科，理科，农科。男生约五百，女生三十余。校风勤俭，军事训练很严。见校长马君武博士，并约明天参观硫酸厂，马博士兼任

桂林之浮桥县市及远山。

厂长。参观完熊君留晚膳闲谈，回去梧州市时已深夜，未渡河远望对岸灯火如星。夜之心何其仁，她把人间尘污隐藏掉，显揭点点光明。

二 十 日

上午十时与马博士乘电船到硫酸厂，用了两个钟头工夫，把厂内各机顺序观摄。该厂成立于民国十八年，至今国内还是独有。所用原料是广东英德出产的磺铁矿，每天化矿五吨，制出硫酸七吨，主要销场在广州。广州一区每日需用硫酸约四十吨，可见国产求过于供了。硫酸在工业上用途很大，将来建设和军备需用更多。

从硫酸厂回来，电船经过广西大学的林场。马博士邀去看看。上岸来回走了五六里，所见树秧以松为多。一路走着，马博士话多牵及农矿。在中国学术界，提起马君武大家都知道。可是曳杖田边的乡老神态，见者不会想他学贯中西。他的眉头虽然整天是皱着，其实谈话很闲逸。走着时指路边植物讲及好些散碎的常识，即如松树在南方十年成材可伐，在华北却要三十年：有机种树木质有用而生长快，并且幼时虽或折断亦不至枯死。他又指着远山说：“你看那些地都丢荒着，我们的乡下人太懒了。”

我说道：“广西省北部有大森林，巨木成材无人用，甚至竹林有太密挤死而腐烂的；您意思又怎样？”

“竹多腐了总好过丢荒地土，最低限度可肥土质防水

广西大学校景。

灾。”他答,“当然治安交通应加整理,而造林那有疑义?”

我又问及:“硫酸既略有出品,而工业交通需用更多的汽油又怎么办。”

“开矿”,他答,“中国有出产,只要开采就是。热河有极丰美的煤层和煤油矿,因此日本急于占夺。我们没有用的地方,到人手里就有大用”。他略歇摇头续说,“三十多年前旅顺拱手而失,今日热河亦然。几十年中国还是一个样子”!

接着他解释大学生军事训练虽吃苦些,却是不得不如此的事。学生与普通兵士不同,他们服从之外,更得明其所以然。

归途经过乡人的桑田,见桑叶和桑葚子都熟了。据马博士说才知原本附近都是桑田,自丝业跌价乡人便改种瓜菜，剩下未铲的桑田叶子没有用。

我戏谓：“恐怕他们种桑椹子当瓜菜拿去卖吧？”

“种桑而至于收桑子，情形太糟了！”他又摇头，有一会，已走到河边沙滩。他拨沙看了一下，叫船夫包点回去。我问他有什么用。他答想化验看是否有铁混杂；如果无铁这沙滩就有价值了。中国只有博山海州几处的沙不含铁,制出玻璃纯净无色。劣等玻璃青浊颜色便是铁质关系。

江边走了五六里觉得很短，这种闲谈的散步，五六里是太短了。

电船回到旅馆，检点行李预备明早离桂返沪。下午没有什么地方好去，就把笔记整理，成这猎影记最后的一篇，明天便在归途了，六七个月行程觉得很短，日子过得这么快！

尾　　声

摄影旅行结束了，虽然还有一小段路程要待补足，所幸可能范围内工作依计划而实现，已获照片约一万幅，俟整理后即可分别发表。在目前三数月整理期内，同时从事于补遗的征集，这样可望出版便捷，伍总经理决意结束旅行，就是促成全功的缘故。

回忆几个月的旅途中，各地人士给予我们指导招待，工作获助之处很多。这不单是同人所铭感，读者想必亦同表欣谢。

本文作者与马君武博士。

同行人员欧阳璞，张沅恒，司徒荣诸君，各司所长，不辞劳苦，此行能有所获，诸位之力为多。承编辑部诸同事兼劳，使我得在外做了几个月旁观的读者。至于我的猎影记，当初本想写详尽些，结果因为沿途许多琐事接洽，时间扯得零碎，所写除良友各期发表之外无多剩了。自觉这些散文，议论不足以作救国方针，叙事又未够做旅行指南，如是而已之作，不免有负读者的期望。

今日离别鸳江起程归去了。记得来桂之前在广州偶见旧同学叶颖林君所著诗集，翻阅第一首便是留别梧州：

记得来时柿未熟，如今榕县柚初黄；
不妨细嚼他乡味，似苦还甜涩亦香。
未来已悟将归去，欲去临离酒半醒；
非爱鸳江好风月，最难忍别北山亭。

这诗竟似替我写照。几个月来异乡羁旅，奔波乐趣，回想起来无非柚味。寄语颖林，离校十年所感大都如是，岂独旅途而已。

对于山水风月无所恋怀，全程待续为念而已。工作无所谓完，旅行结束便是编辑事务的继续。诸君见这文字时，我早已回到上海了。

四月二十一日，在西江轮船上

良友全国猎影团摄影展览之一部

PICTURES TAKEN BY "THE LIANG YOU PHOTOGRAPHIC TOURING PARTY". PHOTO EXHIBITION

本公司前组织之全国摄影旅行团，赖各地社会人士之襄助，此历时八阅月，摄片逾万之工作，幸告完成，兹已将摄得照片整理就绪，除编作本公司现在发行预约“中华景象”外，并选出若干，于最近期内先后在国内各大埠（上海，南京，香港，广州，厦门，北平，汉口）公开展览，求社会人士之评正。上海方面，已于九月二日起开始展览，此处所刊，即展览出品中之美术摄影之一部。

A street scene in Swatow.
马路一角（汕头）。

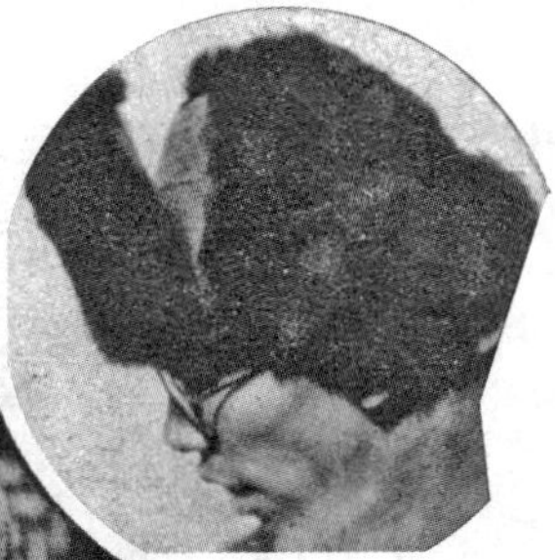

Mr. Liang Teh-su, leader of the Party.
右：旅行团主任：梁得所先生。

Mr. Ouyang Pu, as a photographer.
旅行团欧阳璞先生。

Buffalo-pulled cart is a common vehicle in Hainan Island.
牛车。（琼州）

Earthern ware produced in Shihwan, Kwang tung.
石湾陶器。（广东）

One of numerous scenes around Kweiling.
桂林山水。

Staircases in the Summer Palace, Peiping.
梯影（北平颐和园）。

潇湘烟雨（福州鼓山）。
Is it smoke or rain?

Frameworks and their shadows.
栏影。

Cantonese boatmen enjoying their noon-day meal.
午餐（广东船夫生活）。

Crossing a shallow stream.
渡溪（北戴河）。

The Peiping National Library.
北平图书馆。

On the North River, Kwangtung.
北江途中（广东）。

Liang You Travelling Cameramen resting in the desert.
在沙漠中之良友摄影团全体。

A distant view of the North Peak of Hwashan, Shensi.
华山北峰远眺（陕西）。

The suburbs of Canton.
风（广东郊野）。

Another beautiful spot around Kweiling.
桂林山水（广西）。

Spinning woollen threads.
纺毛线（宁夏）。

The Bridge of 17 Arches in Summer Palace, Peiping.
十七孔桥（北平颐和园）。

Shadows.
檽影（北平）。

Mr. Chang Yuen-heng, as a photographer.
旅行团张沅恒先生。

Mr. Sze-to Yung, the general manager.
旅行团司徒荣先生。

Autumn in Shansi.
秋郊（山西浑源）。

南行琐记

（梁得所）

一、南国之冬

为了搜集“新广州”的材料，并利用一周的新年假期，我决定以二十天的工夫南下一行。离沪的第三朝，游船安稳地靠近香港对岸的九龙码头。当我走上甲板浏览的时候，见几位同舟知姓而忘名的朋友已先在了。

“今天天气真好！”我们当中一个说。骤然听来，这句话似是半生半熟朋友间谈话开头的一句套话，其实，天气是不错：“冬至过了还有这么和暖的天气，实在意料不到。”我补充这句，仿佛给好天气下一个注释。

各人登岸之后，我和S先生一同渡海，乘车到半山访朋友。从半山走下来的时候，粉微的细雨把腊青的斜路沾润了，雨旁的草木愈觉葱翠，紫荆花在浓叶的枝上盛开着。是春天？仿佛不能否认。

半日的逗留很快过，广九车下午三时离站，把我们载往目的地去。那时，细雨歇了，斜阳的余晖照着已经收割的禾田，照着果实早已摘完的荔枝树，照着叶子早已供蚕食尽的桑枝。带着凉意的晚风从车窗掠进来。深秋吗？仿佛也不能否认。

刚才匆匆地经过香港，快到一别五年的广州了。香港，广州，这两个地名在我记忆中并不只是地名而已，因为其

香港之夜。

中有海水一般深的人事的影迹，有江水长流一般的过去未来的憧憬。“你在想什么？又作杂感随笔吗？”S先生突如其来地问我。这一问，使我发觉自己默坐了许久。杂感我是常有的，随笔却不常写。既然问起我，我只好答道：“刚才正在想，南方冬天天气好，半似春天半似秋！”

二、珠江旧雨

珠江南岸有两间特殊的学校：在西端的培英中学，是我四年中等教育最足纪念的地点。在东边的岭南大学，是我这回留粤寄寓的地方。记得由培英毕业那年，岭南为我预了一个学额。然而我因要摆脱学生团体事务过量的分心，终于离了庾岭之南门到泰山之东。岭南既不是我的母校，然而由校长钟博士口中被呼为“岭南谊子”，大概因为其间朋友特别多罢。

年数并不长远，而培英听松园里旧游的踪迹多么渺茫！重返母校，房宇依然如昨，而相识的只有校长教员三数人而已。当我被领着散步的时候，正是寒假期中的一个下午，

珠江夕阳。

一群留校的学生，角逐于球场，他们歇了脚带着疑问的角色相视，使我觉得自己虽不能说“少小离乡老大回”，然而实在有“儿童相见不相识，笑问客从何处来”的景象。

这次留粤的时间预算很短，许多老友还未见面，其他需时较长的应酬都谢却，只赴了一个宴会，那便是旧级友的宴会。

当年同窗一夕欢聚，自然没有客气，而席上却又一部分陌生的，那便是好几位同来的“堂客”（女客）。经介绍之后，知道有些是“拙荆”。

介绍之后，一位提议是晚但凡没有女伴同来的罚酒一杯。经一番争辩而无效之后，另一位替我请免，说我千里而来应作例外。我不等他们公决便举杯表示不欲申诉，因为我凡事不愿把自己放在别人裁判之下，反正一杯之量我是有的。

三、天风楼之一朝

前临珠江水背望白云山的“天风楼”，主人是岭南三大画家之一高奇峰先生。我得高氏令兄冠天先生和画友司徒卫先生领导，圣诞的上午到访闻名已久的天风楼。

天风楼。

和奇峰先生会面这是第一次，简直一见如故，连介绍也用不着，我们便谈起来了。

讲了不多句，高氏说："前几天刚托张坤仪女士带了一幅画到上海送给你，想不到你会下来。"对于高氏赠画，我不但致谢，而且喜出望外。我一向绝少向人索画，理由大概有三：一则知道画家心理，得意之作舍不得送人，不满意之作又不愿意送人；除非乐意，不能强求。二则平日因编辑采稿获观杰作，已觉心满意足，没有什么私藏的奢望。三则普通赠画者谦称"补壁"，而寒士谦称"家徒四壁"，至于现在起居出入于公共场所的我，连四壁都不是自己的，自然较少补壁的心思。现在高氏因表同情于我的工作而惠及个人，所以说是喜出望外的一回事。至于讲到我们的工作有功于艺术界，我可代表同事说句不敢承受。我们办杂志的不过像堂倌一般，扛杯盘，摆桌子而已。菜味若是不好，照例堂倌直接受食客的斥责；如果好，受赞的实在不应该是堂倌。如果这杂志有功于艺术界，其功劳是出于如高先生一般能创作的作家。

谈了一会，大家参观画室里未完的作品。单看那威而不怒的鹰头，有心无意的柳叶，足见高氏艺术修养的湛深了。在我所知范围内，有天才而肯毕生专于一艺的人并不多，足叫我钦佩惭愧。虽则有时说办杂志的什么都应懂一点，其实门门有兴趣而一无所长，无论如何是不应该的。

四、新广州之观感

会见市长林文陔和秘书黎祖鉴之后，对于新广州市政过去的报告和目前的计划，知之较详，获得不少参考。图片的写真，有本报特约摄影记者伍千里君分任其劳，所以能在短少时日竣事。至于如果要抽象地说出新广州到底是怎样的一个都市，那么，因观察时间和本报篇幅所限，我现在只举出三种特点告诉阅者：

1. 华人的——广州是华人的。上海香港虽然宏伟，而经营和管理的大半是外国人。广州并非没有租界，而且对外接触早得很。然而外国人在广州是做客人，不像在香港上海大连的喧宾夺主。我们不是排外，并且乐于招待他们，像招待邻舍朋友一样，只要他们不忘记客人的身份，不是来做民之父母，不是来做太上老君，更不是来做窝藏盗匪包庇烟赌的二房东！有人忧虑租界收回后都市的建设管理就要衰落，这是冬天起床怕冷的心理，不怕就不冷。广州市新气象的猛进就是事实的证据。

2. 均等的——所谓均等，其程度不过是相对的和比较的罢。一个都市里，人民的贫富生活决不能一律，不过相差太远就有危险。广州并非没有阔人，而阔气却没

现代的广州市。

有上海那么炫目。同时并非寒酸，茶楼二分四以下的厅堂生意最热闹，可见平民和劳动界的享受普遍。黄包车车轮和运货车车轮都有橡皮胎，这件很微小的事，表现着均等的状态。

3. 未完的——当我们摄取广州街道风景的时候，每每感着一点缺憾：似乎没有一条街是完全筑好的。摄影的时候，要设法找适当的方向，避免建筑工程的竹棚不致有碍照片的美观。摄影的时候，我虽认这是缺憾；而事实上这是很可欣喜的景象。无论一个人或一个城市的进步，最怕是从此“完了”。一瞥之下的广州，不会受“不过如是”的批评，只看粤秀山下堆着未用的砖石，海珠中流架起铁桥的基柱，就觉得它是未完的，生长的；它不是一座古城供人凭吊，却使游客对于它，仿佛有所期待。

五、模范县之浏览

粤省近年的建设，除广州市之外，要算中山和台山两粤最足注意。因此我特地去逛一逛，既可观览孙总理故乡的遗迹，更一见在那里读书的幼妹。（我该声明中山并非我的家乡，不过我的兄弟姊妹读书都各占一方的：有在外国，有在外省（有在广州，佛山，中山。）这是巧而广东人本色的事情。）

由广州趁夜船到澳门，第二天早上趁长途汽车，行两个钟头，便到前香山县城石岐埠。沿途经过的公路，工程实在不小。

在翠亭——总理故乡——前，汽车停了一会，我们终于看见那面积虽小而在历史上有地位的翠亭村了！

总理在生时乡里戚族受他提携的很少，因为他反对只有家族而无民族的谬误，天下为公的人物对封建制度决不能予以容恕。照顾乡里提携亲戚，严格来说，是有拥护封

广州的印象。

中山县的公路及沿途山景。

建的倾向。总理故乡固然值得纪念，而“民族重于家族”的遗训却不可忘记。总理是世界的人物，我们不应也不能把他在天之灵安放在局促的祠堂里。

中山县人多出外洋经商，照华侨的惯例，赚钱回国第一件事就是在本乡建洋楼，仿佛非如此不足以证明发达。那些洋楼，从大体而言，与其说是实用的居所，不如说是胜利的牌坊。置业于故乡原不算稀奇，不过沿途浏览，我感觉家族观念实在根深蒂固。

宁可矫枉过正，我是反对家族主义的。一个人虽没有做世界人物的奢望，却不应把自己精神圈在狭窄的姓氏范围。照顾家人是天然的乐事，却不是唯一的使命。上午到石崎，下午趁车回澳门而返广州。五年远别的幼妹，相见不过两小时而已。

六、围着无火的炉

白昼奔走于广州市，多少总觉有点疲倦；傍晚日落时，渡江回到寓所，一洗都市的尘嚣。在晚饭的灯下，我竟做过几个家庭的一分子。饭后围炉闲谈——虽因天气够暖不用生火，仍不失围炉的意味；虽因交通阻隔不能回到家乡，而在别人家里的炉前，我充分地感到家的温暖。

有一晚，在农科教授高鲁甫先生的家里，得听不少植物学上的新智识，并且得了有价值的照片材料将来供诸“良友”。原来高氏受美国科学团体的委托和俸给，专事研究果木的驳枝法，研究所得对于世界农学很有贡献。记得英国某批评家说美国第一优点是肯用钱去提倡科学。讲起来我们无限感慨。中国虽或穷无奈何，就算富了，而政府和社会能否重视提倡学术和教育经费，仍属疑问。现在单讲所谓光明正大的开销，军费是第一重要，其余官员的夫马费，要人出洋费……用余用剩，然后轮到学术教育。学术教育经费好比乞儿砵里的冷饭——老爷太太吃剩给媳妇，媳妇吃剩给仆婢，仆婢吃剩喂猫狗，猫狗吃不完，弃之可惜，然后施舍给乞儿。学术教育是国家的精髓，对于精髓的营养忽略到如此田地，我们不能不为民族健康的前途担忧！

另一晚，到钟荣光校长家里晚饭，入门时钟夫人用国语说“欢迎！”我听了以为偶然一句国语，经她告诉才知道规定谈话一律要用国语，大家说来果然对答无阻，据钟博士说学校里从前每周虽有几点钟的国语科，收效不大；现在提倡日常应用，学生的国语程度大进。广东人对自己习惯一向不轻易模仿别人，然而省内和国外粤人学校，对于国语都很注重，皆因大家都公认统一言语是教育机关的一种责任；并且承认现行的国语最合公用。我个人对于方言的意见，以为粤语基础周密，所以粤人学外国语较易正确。国语庄重而普遍，应该通用。最讨厌的是苏州和上海土话，什么“来哉”“啥物事”“侬阿要白相……”等等怪音，我虽听了几年，仍然觉得碍耳。

每次的谈话，若一一记述，未免太长了，现在再举其一罢。又是另一晚，就是寄寓所在的司徒卫先生家里，十岁的阿培要我讲故事；我却要他先讲。结果猜拳定先后，我猜胜了。阿培于是讲：“从前有一个商人……”他所讲的原来就是我前几年翻译的土耳其民间故事的第一段。据他说是由姑母那里听来的。我很喜欢听完那故事，虽然我曾逐字逐句写过。记得在那故事集的序里，我说只希望那本书可供小孩子放学回家讲故事的资料。这小小的奢望现在果然达到了。这次返粤，朋友见面的时候都说：“常常拜读你的大作。”我谢他们客气，而且相信他们不至于原本不屑看我的拙作而在我面前撒谎，不过，“拜”字根本含有多少虚伪的成分。只有那胸无城府的孩子对我讲故事的时候，我才放心无疑地感着些微荣幸。

七、小小旅途的结束

任务大致完妥，不想久留，一月五日离广州，六日由港乘船返沪。

船出港口，渐觉天气变动，果然北风愈吹愈紧地迎头而来。船身摇动得令人作闷，我不但不能上甲板散步，更要躺卧床上，四日四夜（比平常慢一倍）不敢一饱。晕浪的苦闷实在难以形容，幸而同房有一位吴老先生照顾不少。

那吴先生，是一位道貌岸然的老商人。就算是老商人罢，在沉闷的船上，在我方面亦大可找着可谈的话。偶然提到时局，吴老先生叹一口气说：“不管他谁做主席，谁做皇帝，但望让我可以回去耕田种花就好了。”说罢，操着潮汕土音念佛经,除了“阿弥陀佛”四字之外简直听不出什么。

杨杏佛先生也许没有说错：“中国人一生分三士，少年是‘志士’，中年是‘居士’，晚年是‘隐士’。”现在这位老先生想做隐士而不能如愿，无怪他喟然而叹了。

青年志士自负之奢,就是暮年颓丧的预兆。“舍我其谁”的豪语，隐约间变成后来的“阿弥陀佛”。而吴老先生一流以为耕田种花可以休游过世，这种见解在现代简直是梦。因为我们的时代已卷入经济撼动的漩涡，过激的恐怖不是局部剿抚可消灭的了。

船行第三晚，已到吴淞口，因潮退不能驶入，只好停待次朝。上海可望不可即，几日来睡觉睡到够，最后的一晚更觉沉重得难以成眠。舱外一阵阵的凄雨寒风，正在点缀那漫漫长夜；临床的吴老先生又半醒半梦地念经，使人几疑身在深山古寺里——佛法无边，此境离空门不远。

到将来，生之长途快完之时，会不会像吴老先生一般消沉，谁也不能预料。幸而现在，小小旅途结束的时候，我心里，觉得前头还有更远的征程！

中山先生故乡巡礼

（马国亮）

从澳门乘通进中山县石岐的歧关公司长途汽车，大概走一点半钟光景的路程，远远便望见路旁一个白底黑字的竖牌，再走近一点，我们便可看清楚那牌上的三个“翠亨乡”的字。就在那牌前下车，循着靠左的一条红泥路走去，到一株古老的大榕树旁边——那大榕树一身苍劲豪迈的气概，表示它曾看过多少时代的衰盛兴亡，多少俊杰英雄曾在它的眼底起落，尤其是那许多英雄俊杰当中最伟大的一个，它最能知得清楚，因为站在它面前一列短墙里面的一座白色小洋房，就是那一代伟人的故居。

大榕树的记忆力是好的，它会告诉你，那伟人的家世，和他童年时代的生涯。它会告诉你，这英雄自幼就是一个英雄；他曾经怎样地伫看着凶悍的强盗围攻洗劫一个富家而毫不惊却，他曾经为了友情激于义愤而挺身去反抗狼虎般的官吏，曾经怎样地面斥过顽固的塾师，反对母亲给姊姊缠足，和破坏过乡众所奉为神明的木偶。我们站在这树的旁边，同行的一位友人霍君指着树说，“在他幼年的时候，他定曾经有不少的次数攀上这树上的。”不错，那大榕树还做过他幼年的玩耍的伴侣，它知道他，比任何人更为清楚。它看着他的诞生，看着他生长，看着他的革命意思的孕育，送着他第一次到檀岛去，又欢迎过他的回来。幼年和少年时代的许多事迹都经过它的眼前，直至他手创了民国后重归故里时，它也亲眼看着许多从前说他是大逆不道的人们怎样地对他表示出热烈的欢迎，直至今日，他们还以他的名字替自己点缀着光彩。

回过身来，那横在我们眼前的，便是那震烁全球的一代英雄，我们的国父，中华民族的救主，中山先生的故居要在这屋外面找寻一点什么特别的标识，那是没有的。不曾预先知道的人往往要打门前走过而不自觉。这是一座白粉青砖的半中西式的小房子。外面是一列白色的短墙。入门处，像我们见过的许多房子一样，门额上绘的两枝交叉着的小小的党国旗，但是经不起风雨和太阳的整天的抚弄，已是剥落得模糊到几乎看不清楚了。从这里走进去，经过一个小小的院落，便到一座青砖的房子，房子配着绿色的牖槛，——一切都是平凡的。全没有一点所谓奇伟的

中山先生故居与门前之大榕树。

孙科结婚之家族纪念品。
（牌上题字为“命长男名帝科受室字建华”）

景象，在外表上说。

我曾经到过许多人的家里，在中国的中等家庭里面，一切陈设和家具方面，几乎很少有大大的差别的，十之八九都不外如是：两旁排着中国旧式的红木椅，中间一张圆的，或方的桌子。墙上满挂着家族亲人的照片，带着朴素的空气，与幽沉的景色。现在我所看见的伟人的故居，与其他的全无分别。小的房间，小的厅堂，红木几椅，照片，给儿子娶媳妇时命名的匾额，……所不同的便是满悬壁上的照片，不是像别的一样，除了他自己的家人之外和外间便不发生什么有关系的印象和感情，而是我们每一个人脑子里早已深深地印着的他的几个时代的相貌，他的同志，此外如常人的家庭一样，便是他夫人，哥哥，女儿等等，他屋里挂着他的照片，其意义当然比我们许多人家的供奉他的照片有别，这完全是基于家庭里的一种亲爱怀念的感情，比我们的景仰崇拜者大大不同。倘使中山先生不是如今一般的伟大的中山先生，而是一种没世无闻的人，那末他的照片依然会挂在他的屋里的。但是他现在成了世界的人物了。这唯一使我们这些外来的客人感到兴味，感到与别的不同的便是，从他的照片里我们找出了和我们有关的历史，更因了他的缘故，我们都不自觉地带了异样的感情连接对于他的家人的照相也感到趣味。

屋里第一个使我注意到的人物，便是一位高年的老太太，这位老太太，曾经熟悉中山先生家世的人们，一望便会知道这便是中山先生的姊姊的了，为了她有她的弟弟一般相似的容貌。

她的眼睛是温和而慈祥的。她有她的弟弟一般的朴实厚道的性格，克胜了劳苦和工作的精神。是的，她还有克制了奢华逸乐的欲望的力量。若使人们不是在这有历史背景的屋里看到她，没有人想到她就是这伟人的姊姊。倘若有人告诉你，说这一位妇人的侄儿是有着数不清的财富时，你是不会相信的。她的弟妇，侄儿和侄孙儿们，任何一个都比她过着更舒服的生活。我想，只要她一开口，她可以马上得到一部汽车簇拥她到华丽舒适的房子里，她可以要十个婢仆来扶掖她，服侍她，穿衣，吃饭，和睡觉。她可以舒服地整天躺在满砌了软滑的腰枕的沙发上，一直到她最后的一天，不必她劳神一举手，或一开口。

但是她却抛弃了她能够得到的奢华安逸的享乐，这便是她的伟大之处，她抛弃了她能够得到的奢华，甘愿守着这故居，甘愿度着这淡泊的田园生涯。她穿着旧式的黑绸的阔大的衣衫，坐的是无论那一位小姐太太也坐不到两分钟便会蹙起眉尖嚷着腰酸的硬的木椅子，腰枕更不消说是没有，睡的是古式木板床，那房间的大小和布置，恐怕连比她侄儿的一个极不重要的当差人员的房间也比不上，许多细屑的事情还得她自己亲自动手，没有多量的仆役（除了进门时给我们倒茶的厮役之外，我不曾见过别个）。

除了寻常的闲话，我没有和她多谈了什么。同来的林君告诉我，（他和她本来已是认识的）她从前是很高兴说话的，最近刚是病过，所以说话不像从前一般地起劲。其实即使不为了这个缘故，我也不打算絮絮地去打扰她许多。我知道从前比我先来过的有无量数的人，而继我来也定将有无量数，假如每一个都要絮絮地打扰她，这是一件即使她不觉到厌烦我们自己也应觉得是不该的事。我们来此的目的是瞻仰巡礼这一代伟人的故居，不是要出乎我们的目

翠亭乡全景（×为中山先生故居）。

的范围去搅扰别人的，尤其是高年的她。若要知道中山先生在乡的事情。在书本上我们是可以很详细地知道的。

我极感谢她和那现在管理者陆先生对于我们招待的周到，还容许我们在屋内随意走动参看。她告诉我，她现住的房间便是从前中山先生住过的，壁上有孙太公和太夫人的挂像，和从前我们在照片上所见到的一样，只是布置和前略有不同罢了。

我们再拾级走上楼上，一切都是幽静而朴素，我站在骑搂栏边——这个地方是中山先生曾有过不少次的仰天搔首的，当他壮志未酬的时候，我想。

我曾经在广州站过的为他而建做的巍然高矗云端的壮伟的纪念塔的塔顶，也曾经到过那宏大奇丽的中山纪念堂，如今又站在这一切记忆的纪念的发源地——一个狭隘的小楼上——心里浮着无限的感慨。

我望着外面的绿色的田野，红黄的小径，青的树，高耸庞大的犁头山。我记起我从澳门来时，沿途经过各村的景色，和这翠亭村有什么分别？一样是这么千篇一律地大致相同的村落，而此地竟产生了一个惊动了全世革命的前驱！

未到这里以前，曾有人对我夸说过这里的地势如何的雄伟，景物如何的秀丽。我是不懂堪舆的，也从不迷信地灵而后有杰人。因有杰人出而觉其地灵（这还是带了历史成见的人事后可以说的话）。但决不能说某处地灵，而事先便会预知它必会产生后杰。翠亭乡，一个和平的小小的村落，和其他的村落大致相同。我并不见得和别处有什么特异的地方。中山先生是中国民族近代最伟大的一个，但是翠亭决不是全中国最雄伟的地方。这是到过翠亭的人都当然不能否认的。

翠亭乡不单只是中山先生的一家，若说他这房子在堪舆的见解上说是占有优越的形势，则中山先生家里也并不单只他自己一个人。他的父亲不曾成为伟人，他的哥哥也不曾，而中山先生却做了。

因为每一个人，只有他自己才能创造自己，没有所谓灵地的产物的。灵地不能把中山先生蓦然造成一个伟人，倘若中山先生他自己不决心去奋斗，努力来创造他自己，他将会和他的父兄一样，终其身不会给人注意，他的名字也只有他的几个亲友才知道。而我也不会老远跑来专为一瞻仰他的故居。我们看着历代的王朝一代代地衰亡了。他们的居住的地方，他们祖先的坟茔，那一处不是经高明的堪舆先生精细地研究过的！但是毕竟都覆亡了。说他们的子孙不肖，所以不能保存，这是对的。因为他们的子孙并不曾好好地干。

每一个人，只有他自己才能创造他自己！

在这卑微的，小小的村落里，产生了这一个惊动了全世界的人，决不是偶然的事。

伟人，不是经上帝指定才可以做的。我们每一个人都可以做。谁能够下了大决心，怀了绝大的意思，抵抗了一切的诱惑，不怕朝着困难苦战的，谁都可以做伟人。许多人比中山先生有更优越的机会，有更好的环境，然而近代的第一把最伟大的交椅却给这出身寒微的窭人子所占了。

只有自己才能创造自己。我们谁都可以做中山先生的。我们无论那一个都不该看轻了自己，不论我们现在的环境是如何的一个环境。中山先生便是一个很好的例。

临走之前，我们在先生曾住过的房间里——即是他姊姊现在住的一间——坐了一会，更蒙她姊姊和陆先生的厚意，自动借给我一张极名贵的照片，印在这里。这张照片，据她说，外间从未见过，现在也只存这一张，底片也早没有了。何时何地拍的，她也不能记忆。以意度之，最少当在三十年以前，地点大概系在檀岛或南洋二者之一。照中人物，除中坐的中山先生，及那时年纪很轻的现任行政院长汪精卫先生之外，（第三列第五人）余皆不能辨认。惟坐中山先生右者，颇似现在在粤之中委萧佛成先生。

中山先生之姊珍藏之革命同志合照。

中山先生死了，舍弃了他不曾建树得稳固的国家，舍弃那全个民族，那需要他的扶救的可怜的大众。人人说先生精神不死，我怀疑这一句话。先生以数十年奔走革命的经验，呕心沥血地成就了他的计划传给他的同志。但是这许多同志中，能继承他的遗志真真地干的能有几人？在今日，在这乱离可哀的国度里，他的精神，他的精神遗留表现在那里？

踏出这院落时，我向大榕树投我最后的一瞥。大榕树是知道一切的，它会为他的旧时伴侣抱不平，它会为他叹息。它的沉默严肃的躯干，正蕴藏着沉重无限的悲哀。

蒋介石故乡溪口归来

（赵小延）

在一整天步行了近百里山路后，所有的细胞都在静止着休息的清晨，窗外突然来了一大阵的纷乱，有铁器相轧的粗暴声，有如水沸般的人众声，接着是汽笛呜呜地叫起来了，忙从帐里跳到窗口，太阳已躲在对岸高屋子的背后半座天全映上 Sunkist 般的深黄色，而昨晚自上海启碇的"新北京"，这时也已靠上了宁波岸。

因为今天预备上奉化去玩，昨夜有朋友告诉说是非清早起程，就怕赶不上当天回上海的船，我便催醒了犹在酣梦中的同伴，在几乎大家都感到有一些怨恨同时有一半是欣喜的情绪中，搭上街车，上南郊的汽车站去。

汽车路是开办了不很久，大约国民政府定都南京以后，一切稍有眉目的当儿，有人就想到从宁波到奉化是非辟一条大道，不足以行 Rose Royce 的汽车。据木鱼山麓上一位乡人告诉我，说是从前宁波到奉化，须得搭帆船行一昼夜的路，假若从奉化到总司令的故乡溪口，就再非四五点钟的轿坐不可。我们是不上奉化的镇上去看市尘，而是准备到总司令故乡去观光，顺便还到雪窦寺去拜佛，所以包了一部早已走了四万多里路的 Cheveret 直送到溪口镇。

全路计有八十里的光景，因为有一部分是凹凸的山路，所以在车子下山的时光，真有一种愉快的感觉，既像是身子在天空里飞，又像是阿丽思蹼入了兔子洞直往下掉一样，一声怪叫，我们已从高处浮到平地来了。在后半段路程里，简直尽在高山的包围中飞也似的疾驰着，开始所望见的一堆青山，这儿已能辨别它的树木庙塔了。每一个拐弯，有一个拐弯以后所见的特色。有人说坐了汽车去作长途旅行，就像顶了命运去做人一样。不知道下一刻儿将在什么一个处所，更不能预料下一刻会遭遇了什么。我们也就这样盲目地听凭那车夫的处置，在碰见了几次命运的捉弄以后——胎爆了，水干了，水箱发漏了，终于在都市上的人们还以为是半夜的辰己之间，到达了总司令的母地。

因为一路上都是黄沙和煤屑铺地的，不到溪口镇，铺路的已是最平的水门汀，我们早料到这定必是我们的目的地了。经过车站不多路，汽车忽的停下来，从车厢里跨上溪口的福地，有些自己都不信自己是在奉化的一个小镇市上，因为两边的建筑物，比上海的静安寺路的还堂皇富丽得多。在六月的烈日下步行前去，筑在三面靠水的一个半岛上，便是总司令的别墅所谓文昌阁了。

文 昌 阁

这是一座有四层高的西式建筑。是三面临水的一处清净地。在文昌阁的顶层，可以望见一连串的青山，循石级而下，便可以在碧水中濯足，从外表的装煌已可以推测内室的一切。我们抱着几颗热切的心，预备在文昌阁里细细玩一下，因为听人说文昌阁不下于“行宫”，到溪口而不玩文昌阁，就等于上北平而不玩颐和园同样的傻。然而当我们正想叩门时，一个粗暴而吓人的声音，从身后追上来：

“你们干吗的？”一个雄赳赳的兵士凶狠地问。

“对不起，先生，我们可以参观一下吗？”

“不能，你们有卡片没有？”

我想我是带有卡片在身上的，我便把卡片袋摸出来，同时这位兵士的面容在等候之间似乎带了一些笑意，我便郑重地把我的卡片交给了他，他却不但不如我意想般的去开门引客，在他粗黑的凶脸上，忽的掀起了一阵如暴风雨前夕的怒云。

“这是你自己的名字吗？”

“是的！”

“哼，这是总司令的别墅，你们这辈人怎好来乱闯，去，去，去！”

我想去给他争论，“这还不是我们老百姓们的血汗替他造的”，但是我的同伴拖着我走。我走到桥边，我才明白他之所谓卡片，不是“我们”的卡片，而是“他们”的卡片。

武岭学校

正对着文昌阁的是一所武岭学校，这是总司令为造福乡人子弟而设的。总司令自己是该校的校长，所以校门口的题字，也是他的亲笔。这所学校的建筑，较之清华燕京之类，也许是稍逊，可是比上一般公立私立大学的倾废模样，真会使人引起一阵希望我们自己的小村里也出一两位大人物可使我们可怜的儿孙受些意外幸福的妄想。

沿着河边，是一行数百丈长的白石栏杆，整个的镇市，就列在栏杆的对街，从文昌阁下瞩，就像是城堡一样。这一行溪口的乡民，就在文昌阁的阴影下，享受着他们所歌颂者所乐施的清福，依旧地在种着田，晒着谷。年老的抽着烟喝着茶，在谈起他们所眼见的一切，说不尽的今昔之感，他们从别人口里传来一些关于南京的消息，他们大都挠起了大拇指，说这是“阿拉总司令打平的天下”。年幼的，一半还给从前一样在牵着牛，在田亩里唱着牧歌，有一半已进了武岭学校念书了，我们问起一家没有把孩子送进学校去的老农人，他说：

“念书有什么用呢？看牛的童子要是有运气，谁知道他将来不会也做总司令的呢？”

妙 高 台

我们在溪口玩了好久，在九点钟的时光，又乘汽车到入山亭，入山亭离溪口不多路，因为山上有雪窦寺，妙高台，千丈岩诸名胜，每年要人都到那儿去玩，总司令又有别墅在山上，所以另有一条汽车支路，穿过了不少山麓，把文昌阁与入山亭之间，辟了一条宽大的坦途。

坐了轿子上山，先到雪窦寺，这寺的地位，是在群山之中，四处都是高山，在一大块平原的中心，便是这雪窦寺的宝座。寺门口有蒋中正题着的“四明第一寺”。大王殿的佛像，所穿金袍的辉煌，以及一切装饰的伟大，我走遍了普渡全山，都找不到他的匹偶，据方丈说，总司令曾捐了不少灯油钱，怪不得雪窦寺之被称为第一寺了。

从雪窦寺到千丈岩，要不到多少路，千丈岩的风景，真使游者不忍离去，因为要到妙高台去，所以又匆忙地走了。

妙高台是木鱼山的最高峰。地处狮子山上，是总司令的又一别墅之所在。因为守别墅的不是吃人的兵而是吃素的和尚，我们便得以全窥这别墅的内景。

屋子当然是西式的，可是也参了些中国院落式的建筑。一进门，就有一座石制的牌位，是纪念一位叫做禅宗的和尚，据说总司令一进门，必得脱帽向他行礼的。

我们在和尚的脚后跟着上楼，楼上共分三间，中间是客堂，挂着孙文写的“英士古诗送赠介石”的一首对联。（是石印而并非手迹。）靠左的便是总司令的卧室。和尚很谨慎地开门以后，我们便轻轻地跨入了。因为总司令好久没有来，所以大铜床上都是灰尘，而屋子也不免有些霉气，卧室并不大，窗外是一所很大的晒台，可以望见无穷静的远山，可以听到在底下流动着的泉水。在窗外的籐椅上，我们坐了好一会儿，我们都感觉这里是总司令坐的地方，我们平民何幸而来此一坐，就舍不得离开了。

那和尚是再客气也没有的，他留我们在妙高台的树荫下喝茶，他继续杂乱地讲些话。

“在这里（他指着树荫遮蔽去了的妙高台），总司令常要坐上一两个钟头，他不许别人去烦扰他，他就这样地静坐着。去年有二个月住在这里，他不喜欢文昌阁，反而要到这里来，他来的时光，太太老是一块来的，而数百卫兵，就住在雪窦寺，白天晚上，都得放步哨，大约从这里山脚下起，到四围有路通的地方，都有兵守着，听说防的是刺客。总司令一到，我们当和尚的也忙得不开交。而这里的清净世界，因为人一多，就免不了有些纷扰。你们上山来，不看见电线和电杆吗。总司令一到，电线就使用了，上次到这里来，装的有无线电收音机，发音机，长途电话，与文昌阁的电话，还有直接宁波的。他的衣着很俭朴，而饭食也不很考究。我们和尚烧的菜，他也很喜欢嘤，最近何应钦来住了好久。而总司令的大太太，每年到雪窦寺烧香，必到这里住上几天的。总司令也信佛，只有他目前的太太，是信天主的。”

从妙高台下山来，在山脚下的一片小铺子里，才知道这位年纪已近五六十岁的店主，倒是眼见过总司令的幼年的，他说他住在他家不远，而今他还时常到他老家去玩，总司令到妙高台，他们乡下人可以去见他，至于文昌阁，就没有他们的份儿了。

他告诉我们不到溪口一点路，还有蒋母的墓。傍近溪口镇，还有在建筑中的蒋氏祠堂。路上可以教汽车停了去看一下，他说是“阿拉宁波最好的坟墓和最大的祠堂了”。

蒋母之墓

听了他的话，就在蒋母墓道口停下车，我们拾级而登，这不是孙陵第二吗。那建筑的雄伟，而处境的幽静，一切设施的周备，我摇着同伴的肩，我说，你又得说一声“生子如此，可以足矣”的话吧，因为这同伴年纪已上四十多而是富有封建思想的，他点着头说：“怪不得要生好的儿子，才算不辜负做一世的父母呢！”我指着墓门对他说：“你不要做梦吧，纵使你的儿子做了总司令，你也没有福分睡在这里的，你看这里不是只有蒋母没有蒋父吗？”他抬头去望，才丧气地垂了头跟着汽车夫和我们又回到汽车里来。及后车夫告诉我们说是蒋总司令是第三位母亲生的，他的父亲和他的第一二位母亲，都葬在别处。总司令的生母逝世时，他已在广东打了几次的胜仗，所以另造一个墓在这里，他的父亲和前母便没有去惊动他们。

蒋氏祠堂

因为看到他母墓的华丽，料想祠堂是必定十二倍的会使我们吃惊，在一座大龙门口，汽车轧的停下了。

门口的装饰，真有些给我们乡间的太庙一样，差的就是没有一块“君民人等至此下马”的石碑。而涂的全是耀眼的朱红，不似圣庙的黄色。门口上的一块大额，是总司令题的四个字，叫做“忠孝传家”。因为还没有完工，所以从边门进去参观了一下，同样给我是一种“太庙”的感觉。而安置祖先牌位的那座祠堂，就筑在楼上的中间，金黄和朱红，相间了成为一种和谐的富贵气，每个角里都有雕刻，而地板也像跳舞场里一样的光滑。我们从楼上下来，到了大庭里憩了一回。我们料想祠堂落成的一天，全国上下到溪口来拜祭的时光，浦东的杜月笙，恐怕也要自叹勿如吧！

归　来

在归来的途上，六月的田亩间的稻麦风，吹得有些头痛，靠在车垫上，有些沉沉入梦的光景。

我记得是在七八岁的童年，和祖父俩在寒食日去上祖坟扫墓，在没有到墓脚的时光，祖父指着远处一堆丛林对着我说：

“这就是我家的祖坟了。你有得法的一天。你就不能忘记养你的祖先！生你的家乡！”

我点着头，我在十六岁以前，便每天记住着这句话。而今多念了些书，有时到了清明节也不高兴回去。今天看到这些墓道，这些祠堂，这些学校街道，我才知道奉化的父亲也用同样的话教训孩童的；不过伟大的孩童便永远记住着这些话而去实行他，不出息的孩童到了某一时期便把这话全忘了。

在南郊汽车站调上了洋车，到了宁波码头，已近开船时分。我们在甲板上坐了好久，船才离岸了。

倍根说过“旅行是智识”，这次到奉化去，至少多懂了一事件！

冰川纪秀

SCENIC BEAUTY OF THE PING STREAM, KIANGSI

（郁达夫）

冰川是玉山东南门外环城的一条大溪，我们上玉山到这溪边的时候，因为杭江铁路车尚未通，是由江山坐汽车绕广丰，直驱了二三百里的长路，好容易才走到的。到了冰溪的南岸来一看，在衢州见了颜色两样的城墙时所感到的那种异样的，紧张的空气，更是迫切了；走下汽车，对手执大刀，在浮桥边检查行人的兵士们偷抛了几眼斜视，我们就只好决定不进城去，但在冰川旁边走走，马上再坐原车回去江山。

玉山城外是由这一条天生的城河水溪环抱在那里的，东南半角却有着好几处雁齿似的浮桥。浮桥的脚上，手捧着明晃晃的大刀，肩负着黄苍苍的马枪，在那里检查入城证，良民证的兵士，看起来相貌都觉得是很可怕。

从冰川第一楼下绕过，沿堤走向东南，一块大空地，一个大森林，就是郭家洲了。武安山障在南边，普宁寺，鹤岭寺接在东首。单就这一角的风景来说，有山有水，还有水车，磨房，渔梁，石堋，水闸，长堤，凡中国画或水彩画里所用得着的各种景点的品物，都已经齐备了；在这样小的一个背景里，能具备着这么些个秀丽的点缀品地方，我觉得行尽了江浙的两地，也是很不多见的。而尤其是出乎我们的意料之外的，是郭家洲这一个三角洲上的那些树林的疏散的逸韵。

郭家洲，从前大约也是冰溪的流水所经过的地方，但时移势易，沧海现在竟变作了桑田了；那一排疏疏落落的杂树林，同外国古宫旧堡的画上所有的那样的那排大树，少算算，大约总也已经有了百数岁的年纪。

这一次在漫游浙东的途中，看见的山也真不少了，但每次总觉得有点美中不足的，是树木的稀少；不意一跨入了这江西的境界，就近在县城的旁边，居然竟能够看到了这一个自然形成的像公园似的大杂树林！

城里既然进不去，爬山又恐怕没有时间，并且离县城向西向北十来里地的境界，去走就有点儿危险，万不得已，自然只好横过郭家洲，上鹤岭寺山上的那一个北面的空亭，去遥望玉山的城市了。

玉山城里的人家，实在整洁得很。沿城河的一排住宅，窗明几净，倒影溪中，远看好像是威匿思市里的通衢。太阳斜了，城里头起了炊烟，水上的微波，也渐渐地渐渐地带上了红影。西北的高山一带，有一个尖峰突起，活像是倒插的笔尖，大约是怀玉山了罢？

这一回沿杭江铁路西南直下，千里的游程，到玉山城外终止了。“冰为溪水玉为山！”坐上了向原路回来的汽车，我念着戴叔伦的这一句现成的诗句，觉得这一次旅行的煞尾，倒很有点儿像德国浪漫派诗人的小说。

一九三三年十二月稿

On the bank of the Ping Stream.
冰川溪畔（郎静山摄）。

Outside the city of Yu Shen.
玉山城外（郎静山摄）。

Yu Shen, a city along the Ping Stream.
玉山胜景（郎静山摄）。

In the city of Yu Shen.
玉山城里人家（陈万里摄）。

The Ping Stream.
冰为溪水玉为山（李集之摄）。

宜兴两奇洞
——庚桑洞与善卷洞

（纪游及摄影者　张沅恒）

以陶器著称的宜兴，在它盂峰螺岩两山内，蕴藏着两座深邃幽奥的奇洞——庚桑与善卷，要非身历其境，是很难相信这样高不达千尺的小山内会蕴藏着这种胜境的。

一月一日清晨七时，我和储君在南京踏上京杭国道的长途汽车，乘客不很拥挤，但行李却占据了车厢的大半。七时半开行，出了中山门，车就在总理陵前的一条柏油路上驶去，过孝陵卫，路已不若以前那么平坦了。一经汤山站，车厢中的乘客都像在跳舞般颠荡起来了。同时堆积的行李同车轮也发出一种和谐的节奏来。

一路所经，有高下起伏的山坡，有平广开展的田野，这时候虽是在隆冬，但苍翠的松柏，还点缀着江南景色。假使这时在塞北途中，那只能远眺一望无尽的黄土，和阴霾的天色罢了。

十时经句容，下午一时过溧阳，钟鸣二下，终于把我们送到目的地的宜兴来了。

下了车，储君和我进城到他家中去见他的叔父南强先生，他整整费了十多年精力去修葺两洞，这位可敬佩的老先生和我见面后，就承他告诉我关于这两洞的历史和沿革，他并说我这次来得很巧，上海友声旅行团也在这里游玩，今天他们去善卷，明天我们可一同游庚桑。

二日早晨天才吐露着微光，我们都已起身了。时间

庚桑洞大璎珞天及天蓬大场全景。

还早，点心铺都未开门，只有卖豆浆的早把担子安放在旅馆门首。三四十人喧嚷着把担子围得水泄不通，争先恐后地买来吃，我看到这景象，就联想起闸北施粥时的情形。

出北门，船已靠在河滨，我们上了画舫，前面有两艘柴油船拖着进行，舱中挤满了人，途中有说有笑倒并不寂寞，午前十一时到湖汊镇，距庚桑还有五六里路程，储翁做向导，引我们依着曲折的乡径走去，一路松林竹径，听着潺潺的溪流，这充满了大自然的美景，早把我们从都市中带来的俗念完全消除了。走了约有半个钟头，在满铺着矮松的小山半，露出一角红楼，储君遥指着说："这就是庚桑了。"

进盂峰山庄，由洞门中就可望见岩壁间的洞口，储翁叫几个乡人点了火把执着引导我们进去，循着石阶降到洞底，里面除了由火把发出微弱的光线外，简直完全是在黑暗的世界中。

由洞底升上近百级的平台，脚力软弱的李君早已气喘得像牛的齁声一般了，拐弯向左，经过了曲折狭隘的洞径，全洞奇景就呈现在目前。宽广的面积，里面足足可容一二千人，阳光由前面山顶上反射进来，好像在黑夜里看

自庚桑洞洞口仰视。

到了一线曙光。降下石级，就能望到洞顶上累累垂下的钟乳。这天造地设的奇景，我除了赞叹以外，简直找不出一句适当的字句来形容它。

在前洞休息了片刻，更由石级升上山顶的洞口，反身看“大璎珞天”，从洞顶岩壁挂下的石乳，好像万串璎珞倒悬下来，中间更塑上八仙像，我们身历其境，不觉有飘然登仙之概了。

看毕“大璎珞天”回下前洞，更执了火炬巡游那曲折深邃的小洞，人在羊肠鸟径中上下盘旋，和先前所经的另具一种风味，这样曲曲折折地足足走了半小时光景，才从另一个洞口出来，在每个挂满着汗珠的脸上，同时露出了一种惊奇的微笑来。

出了洞门，拿出袋中的时计来看，短针已指在三字上了。返湖汶镇，又在河滨举行了一次野餐，抵城时已是万家灯火。

三日早晨七时到船埠送友声旅行团诸君登返无锡的小轮。储翁今天又邀同了朱吴二君陪我游善卷。四人乘一艘轻便的汽艇，比昨天是快捷多了。

船出了城河，就在西氿中驶去，恬静的碧波中点缀着渔舟，阳光在水面上反射出闪烁的金光来，我们都静默地领略着这美景。

十时许在祝灵村登岸，穿过了村又爬过一座山岭，当跑上了另一个小山，就能在山径尽端望见一所石块堆砌成的道院，这道院后面就是善卷了。

善卷分上洞中洞下洞水洞四部，我们先顺着院后曲径

庚桑洞大璎珞天之奇观。

向前，经过两座石坊，高旷的中洞口展现在我们的目前，它的高度总在三丈左右，洞口正中耸立着一座二丈高的石峰，顶端接引佛塑像，下刻“小须弥山”四字，洞顶也垂着很可观的钟乳。绕过小须弥，就看见左右岸壁上对峙的象王狮王两巨岩，更前进，两旁岩壁上到处垂着各种式样的石乳，组成“观音海岛”“灵山胜会”等胜迹。

匆匆地在中洞巡行一转，由洞后短墙门中执炬登上洞，我们小心翼翼地留神着脚下，随着火光一步一步地上升，四周的热气向我们袭来，好像走进了满装水汀的暖室。原来这洞内在冬天是很暖的，而据储老先生告诉我们，要是夏季走进这洞，却又凉爽异常的，和这时恰巧相反，冬暖夏凉，真有点像神仙灵地！

善卷中洞崖壁上之观音海岛，下垂之乳珞乃天然结成者。

游下洞仍须回出中洞，另由沿崖的石级下降到洞口，洞前正对一条溪涧，进洞的路，全是崎岖不平的乱石，四周岩壁也突兀怪异，离洞口四五丈处左壁上，立着一株古色斑斓的石松，这是下洞唯一的奇迹。往前走了十多丈路，前面被水阻了，这就是水洞了。

我们走上预先停泊在那里的小艇，各人执着火炬泛舟向前，洞的高旷处约有十多丈宽广，狭隘得必须扪壁伏身而过，这样荡了约有一刻钟光景，前面露出微光，不多时到了另一个洞口，才知道我们已横穿过这座螺岩而到了另一端了。

离洞不远有碧藓庵石碑，相传这庵是祝英台的读书处，归途中又顺道一游善权寺，回祝灵登船返城，已在七时左右了。

翌晨登小轮经无锡返上海，储翁又亲赴船埠送别，盛情厚谊，真使我说不出的感谢，而庚桑的雄伟深邃，善卷的执炬泛舟，更令我恋恋难忘。

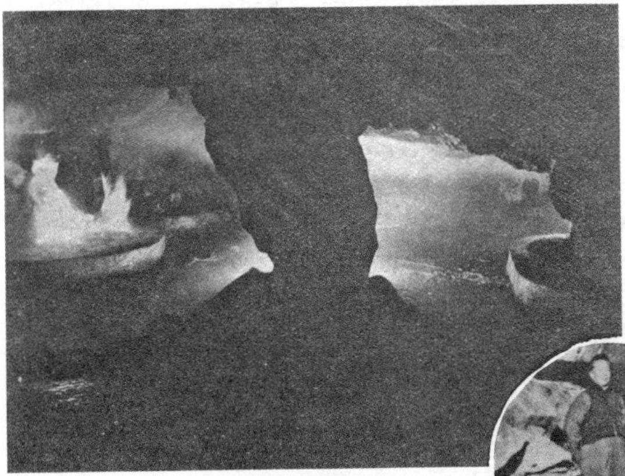

善卷上洞，洞中气候温和，隆冬如夏。

修建善卷洞之储安强先生。

善卷水洞，长约半里，游客须乘舟载烛往游。

善卷中洞之罗汉崖。

春来了！

（茅　盾）

春来了！太阳是暖暖的，风是软软的。

摩登姑娘伸一个懒腰，看着那好景的艳阳天，蔻丹染红的指尖轻叩着牙关，默念着昨儿的约会，心里打着结。春天带来了“罗曼司”，却没有带给她分身术！

公园里碧绿的草茵上整整齐齐站着一排粉妆似的玉兰。试穿一件鲜红的长旗袍，斜倚着玉兰树，拍一个照罢？那是多么“诗意”的！

荼蘼架下可巧有一对儿座位空着。好一个幽雅的去处！到那边歇一忽儿罢？您自己没有看见，粉褪黛散，还不赶快装扮！

上新雅去喝一盅罢？怎么？那就到冠生园！国泰新到一张好片子，恋爱的罗曼司夹着武侠冒险。再不然，我们还有“城市之夜”：哈，您不喜欢这国产的新片？您抱怨那导演先生要把那有钱的儿子跟没钱人的女儿来一个美满的结合？天哪，小宝贝！您还有点儿封建道德！

打腻了“高尔富”，也看厌了野兽神怪香艳巨片，“爵士”的音乐也不再能使她兴奋，春天里的摩登姑娘转又觉得春天太无聊赖，她渴望着力强的更新奇的刺激，刺激，第三个刺激！

说是国难方殷么？我们的摩登姑娘自然晓得。但是昨天她家已经全体加入了航空协会，已经在那里航空救国。也许她还有点“家难”：最近美国的金融风潮叫她老子在金业交易所里吃了一跌，半天里去了家产一半，这个，她也自然晓得。可是她也看惯。今天亏了，明天可以翻回来。永远翻不回来的，是那青春时代的如水流年！在这上头，我们的摩登姑娘看得非常明白，看得非常透彻；“未来”是那么不可知，她只能抓住了“现在”，——发疯似的要求刺激，肉体的官能的刺激！你能说她错么？一长排一长排的摩登男女在这历史的前夜走他们命运的旅途，走上了没落，走上了毁灭！

春天里的摩登姑娘就那么很快地玩腻了春天的一切，渴望着更力强的新奇刺激。她盼望夏天早点到来，那时候，黄浦江夜游的白相船，高桥沙露天的海水浴，够多么新奇！多么刺激！

安得时轮金刚法会显大法力，消弭了内乱外患，好让我们的摩登男女颓废享乐，朝朝暮暮，岁岁年年！

New fashion of the Spring.
春之新装。（张高俊摄）

By the side of a bridge.
桥头上之春游客。
（方絅摄）

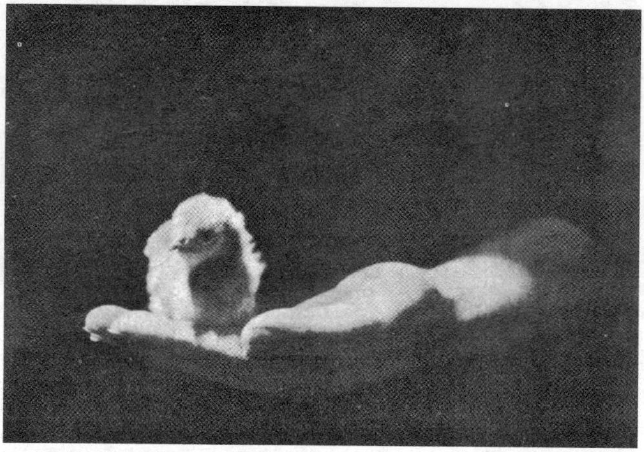

The Beginning of Life.
春之第一个使者。（支更生摄）

Water is Warm for them.
江水暖了。（蔡俊三摄）

Sowing of Seeds.
插秧时候。（孙以鉴摄）

A Butterfly.
蝴蝶的罗曼司。
（古兰摄）

Blossoms of the Spring.
春之开展。（艺铭摄）

A Study of light and Shade.
春风别有意，密处寻香。（桂崐生摄）

Lingering by the brook.
湖边少女之春愁。（杨冠盛摄）

Under the Spring Sun.
春之朝阳。（刘旭沧摄）

春天在无锡

梦里的无锡

人们所以知道无锡，我想一定是因为她的工业，因为她是中国的一个工业重镇。无论谁以怎样的方式提到无锡，一定会联想到她的烟囱上去的；这些烟囱，矗立在一切建筑物之上。烟囱的下面，流动着人力，似巨炉内燃烧着的火焰，同样地给予人们以强烈的感动。

至于无锡的外表，一定远看去像是被笼罩在雾霭之下，迷糊得像一个浮景的。然而这决不是雾，而是轻散在空中的浓烟。城市的人们，甚至资本家们，就是这样地看不清楚一个工业区的底里的。

无锡的街道，可以想见是一个混杂的空间。

跟着砰砰的声音看去，一定是板箱在铁椎的压迫下呼号。铁钉散在街道上砌石间的罅隙，长条的铁片钉在简陋的木门上，一个个的木箱重叠地放在门口，把一个好好的门面也弄得看不清了。毫无表情的脸孔，就在这其间闪进闪出，他们简直成了机器。

无锡在我们的幻想里，只是这一点点么？可是，从几年前我刚踏进了中学的时候起，对于无锡，我开始发生了转变的悬想了。偶然从一本杂志里看到一篇关于鼋头渚的游记，便引起了我对于无锡的无限向往。从此我又想到鼋头渚，想到太湖了。

晨光下的无锡。

我想鼋头渚一定是一个异常动人的地方；从这里可以眺望太湖，从这里可以听到澎湃的涛声，这种种的伟大之点，我们一定是得到很大的感动的。再不然我们是回看到接着水滨的岸头，质朴的艇家轻摇着小舟在普渡人客，肩头正拂着柳丝，像穿梭一样，穿向绿波深处去了，这又是一幅很轻松的图画。

在无聊中，我的脑海里不时浮现起一个无锡的轮廓，由上海到无锡，虽不过是短短的路程，可是人事纷繁，几年后的今日，这才第一次欣幸地给京沪火车载着我的愉快的心，一步一步拉近到现实的无锡的境界里去。

“到啦”一声惊呼，唤醒了一群旅行者，都把他们的头钻出了车窗，对于无锡毕竟是有点陌生的。

烟囱是无锡的商标，但是未免太少了，疏落得出乎我的意外。再一细看，烟囱口上有烟的，竟是寥寥可数，这于我是太失望了。也许今天是星期日的关系，我偷偷地用理由把自己的失望弥补过去。

我仍是想着，是为了游太湖和鼋头渚来的。

教育学院参观去

游太湖是我的目标，但他们却是带着了考察民众教育这名称来的。自然我是例外，我只知道来游，却不管考察。虽然，考察就是经验，我也乐于增加我的经验，深入到民众里去认清楚了时代的需要，这也是我们所追求的目标，所以我到底跟着他们一道跑。

就在当天的下午，我们跑到江苏省立教育学院去。

在广大的面积内，位置着好几座庞大而朴实的校舍，在临着一条小路的大门口就挂起了“江苏省立教育学院”的牌子。

会客室内，郜爽秋先生和几位女同学，已先我们到这里等候了。郜先生已把我们这一群的来意向主人表达过了的。在商量过一个大概的行程以后，郜先生离开我们先走。主人带我们到礼堂去。

“也许是一种仪式罢？”有人在想。

然而在简朴的礼堂内，宾主间都没有一种客气仪式表示。在墙壁上所贴着的努力民众教育各种标语间，反射出给我们以一点点认识民教意义和努力的气息。

主人就毫不客气地叙述他们对民教的目标和工作。

他们对民教的目标，不单是指导他们如何去识字，而是深一步地使他们认识了自身的力量；不但帮助他们组织起这力量，而且使他们自己懂得怎样去集结和组织他们的力量。要改良他们的生活，就要改良他们的经济能力。农畜品种的改良，是他们的一种手段。

他们是要训练一大批布衣的教师，从事这种工作的。

没有鼓掌，只是埋头把一点点记下了就沉默地退出了礼堂，仿佛眼前闪着一点点光亮。

我们又参观了许多许多，只看到他的精神而已，设备上还觉得简单得很。

匆忙夜生活

由教育学院的介绍，晚上到附设在南门的民众教育实验馆去。

从北门到南门是多么长的一条路啊，唯一的交通工具只有黄包车，黄包车的价目也差不多是一定的，我们是以小洋两角的代价，从北门飞到南门。说到飞，似乎有点形容得太过，然而，总不会有人极端否认这事实的，无锡的黄包车实在快得有点飘然。

跃上了车上，几十部黄包车像长蛇般从热闹的马路爬进了黑暗的小街，一阵阵的风就从耳边上身上掠过去，我们也好像是一阵风地冲向前，在狭窄得仅容一部黄包车的街上，他们也是这样毫无顾忌地飞跑的，一个急速的拐弯，他们一转就过去，从不停留住脚步，然而却也不会碰到墙壁去，这就是他们的艺术。

从黑暗中跑到了光明的地方，就到了南门教育馆。

在一间简陋的楼房底下，很逼窄的一间客堂，我们就围坐在一张长桌的旁边。玻璃窗外面射进了一团团的眼睛。主人站在长桌的角上开始报告他们的组织和工作，用着很明快的语调，很诚恳的态度，使我们晓得这里的具体情形。显然他就是一个忠于他的工作的人。这里是总务处,也是市民教育部,有简单的图书,借给民众阅读，有适应市民病症的简单卫生设备，然而，实在简单得可怜，是经济使他们不能有所发展。他们也从事一种很少量的对市民——特别是黄包车夫的贷款工作，据说成效也很可观。

在市民教育部下，我们参观过他们的民众夜校，像普通的一样，不见有什么特点。学生都是孩童而已，据说多数是女工，不过上课的人数，似乎颇为踊跃。

我们一行又钻进了一个更沉暗的所在。主人告诉我们这就是蓬户教育区，地点就是炒米浜。蓬户教育部的办事处，也同是一所矮小的茅寮，在昏暗的暮色下面，我们还可以模糊看到门口挂着的牌子，知道是和公安局第 × 区合办的，这一个办事处就支配着这一区内的教育和行政事宜。茅寮内隔开了一面是课室，几个黄包车夫在上夜课，其余就是蓬户的孩子了。在苦涩的声调中，他们凝视着教员，好像想从教员身上找得了什么，也许他们正想要求得到一点点的光明。然而，我们相信决不是书本。

我们又曲曲折折地穿行在茅寮间，月色依然是这样的昏暗，仿佛这就是一个梦境。真的，我们还不过在梦境里徘徊而已，何尝有接近这种生活的决心和行动？现在就算是接近么？也许旁人要说是来看新奇的事体。

在另一间茅寮内，是人家的房子，这里又是一个夜学在上识字课。一个女教员，据说也是女工，是受过训练后，自动来担任这种工作的。他们就是以这种方法，去施行普遍的蓬户教育。我们是跑了，在我们的背后，蓬户的孩子，正投着惊奇的眼光，送我们离开这一个不为大人先生所注意的世界。

我们又从这昏暗的所在，渐渐地回到热闹的街市，像从梦中醒过来。

风雨鼋头渚

一早起来，就已感到有点凉意，天气不会和昨天一样好了。天色是表现了微晦。

在鼋头渚的尖端，一群乱石出没在波涛的冲击中，溅起了浪花，溅起了自然的生命力。

一艘电船带着一艘拖船，沿着城内的小河，擦过一艘艘的货艇，是这样狭窄的小河，就占着无锡水道交通的重要地位。船曲折地转出郊外以后，迎面来的飕飕的凉风，竟带上一点雨意了。然而到了五里湖口，却微微地露出了一线的阳光，不过风浪依然很大。

蠡园的长廊。

电船靠了岸，我们先到蠡园，这一个园的历史，恐怕是很短的罢，一切都是这样的新，面积并不见得怎样大，绕了一个圈子，在人工中找不到有什么好处。离开蠡园，我们就径到鼋头渚来。

一条小堤，排着几株新柳，染上一层早春的嫩绿，像仙子的轻裙，给风飘拂着，我们老远就尝到这浓厚的自然气息了。

转了一个弯，就是上山的道路，这里已可回看到五里湖一带；叶叶的风帆，沿着岸边飘过来飘过去。水波是一片白，在柳丝中，在松枝的间隙，看到这一点点黑影，飘忽在上面，心情有点飘然。

初来的时候，天气在微晦中还有很微弱的日光，到了下午，显得更其阴翳，稍微洒了一点雨，风是更大了。我们正立在鼋头渚的上面。在鼋头渚的尖端，一群乱石出没在波涛的冲击中，溅起了浪花，溅起了自然

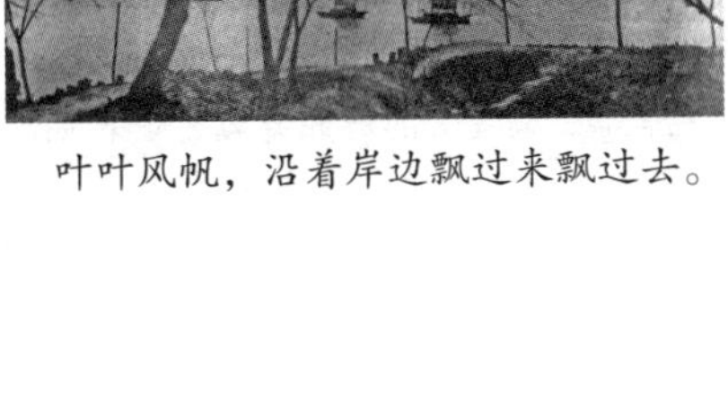

叶叶风帆，沿着岸边飘过来飘过去。

的生命力。从鼋头渚上的亭子跑回山路去，一阵阵松风夹着澎湃的涛声，我们的精神就加倍振刷，更觉得都市是可鄙的世界了。

登上更高的地方，我们可以眺望到太湖了。风雨中的太湖，别是一种风味，像一个纯朴质直的大汉，在简朴的

从鼋头渚上的亭子跑回来，一阵阵松风夹着澎湃的涛声，使我们的精神加倍振刷。

衣饰中不失其英雄的气概。它没有一点虚饰，它不需要青山做它的点缀，就只是望去毫无涯际的波涛，偶然也有山，只是愈加雄壮，却不是妩媚。辽远的一点点帆影，出没在烟波浩渺的涯际，这真够人意远了。

电船向着对岸驶去，我们到了小鸡山，那是和鼋头渚对峙着的一个小岛，我们在那边凝眺了太湖一会儿后，便又匆匆到梅园来。时份将届残春，梅花只留残萼，无梅可赏，直是吊梅而已。从梅园归来，已是灯火黄昏时候，一天倦游，晚上得到一个酣恬的畅睡。

礼物泥阿福

这是我们游锡的最后一天了，游程预定好要游惠山。

清晨，一行黄包车沿着古旧的城垣曲曲折折地绕了几个弯子后，我们就到了郊外的小路来，两旁原野的青绿反映着一群年青的人们的活跃。到了惠山的山麓，车子停下来了，我们走进山门里，看见乾隆皇帝的御碑亭，亭子里立着一块“御碑”，这是当年乾隆御笔留题的胜迹。从御碑亭斜望过去，又是一个亭子，里面放着一块平面而一端隆起的“听松石”。由此过去，就是上山的道路了，那一天天气特别好，给青春的狂热所燃烧着，在这样明媚的春光下，我们大家都很兴奋，忘记了疲倦，这样一步步地爬上了“茅峰”。爬山本来是一件苦事，可是到了极巅时的舒畅和下山时的痛快，这尽可以偿还了爬山时候的辛劳了。

坐在山巅石屋前望去，是一个浮图立在山巅的小山，这就唤作“锡山”，是无锡得名的地方，正对这一个山峰，仅隔极近的距离。在这下面，无锡全镇的铺户，一一收入眼底。

再跨过一个更高的山峰，在它的背面，全看到了五里湖和太湖，帆影是小得更微了。我们早就记起“泥阿福”，在惠山这一个产地里，是绝不会放过它的。匆匆下来惠山麓，泥阿福的店子里散满我们的足迹，等到午餐集合的时候，在饭桌下，在饭桌旁，甚至店门口，都一捆捆一盒盒满放着了。每个人的口边都挂上一丝丝微笑，我想一定大家的心中在打算着又是一帮礼物了。

行期规定，我们要归去了，没有更好的机会考察到无锡的工业的底里，这到底是此次春游的一种遗憾！

廿二，四，十八。

龙华春色

（春　光）

龙华为上海佳景之一，有古塔古寺，多桃花。每当春期佳日，沪上绿女红男，往来于龙华道上络绎不绝。女子以清明日为祭奠日，香烟盛极一时，男子则往赏识桃花。是日余与李君同游，登高塔远眺桃花，大地如铺锦，诚尘浊上海之新桃源也，下图乃龙华景色，乃余亲摄为纪念品也。（芳）

妇女们在龙华寺焚化元宝。

江湾跑马厅四月五日大香槟比赛的热闹。

三月清明日沪上妇女游龙华之拥挤。

龙华古塔。

上海妇女入龙华寺祭奠神像。

龙华道上的春意流露了，桃花微笑了，柳条起翠穿绿的衣服跳舞了。这时一般人们也携手出来了。那是很可以告诉我们，世人是类多自私的。我几次到过龙华，曾不见青年男女们携手同行，曾不见融融乐乐像这样热闹的气象。原是那时正当秋深，金风落叶，翩翩歌舞。但是人们终不能出来，去伴着寂寞的龙华。现在红的桃花，绿的柳条，一点缀于龙华道上，人们的奢望就引起了，去和龙华的一切相亲，去和龙华的一切接吻。这样看来，世人不多是自私的么。三年以前，我还是一个学生，正当清和三月，龙华道上的青年男女，他们携手私语何等令人羡慕。我独自看看桃花，桃花似乎笑我痴呆；我独自看看古塔，古塔却始终不曾理我。青春之心，渐次鼓动。回首往事，不觉入神。

这不是我现在的爱人，她当时何曾认识我呢。龙华游人拥挤车马如云，年青的姑娘独自在人丛中想发展道路，却不慎被车轮辗倒了。那时她那玲珑的腿上微微地涨出了桃红色的血。我的心立时感动的，从手袋里摸出橡皮膏来，想剪下一方贴在这个女郎可爱的腿上。但是一时又找不到剪刀和洋刀。眼见这个女郎的羞态和痛苦的表示，而各人却自管自地挤过，我不觉牵了女郎一手扶她起来，那时女郎的面庞上愈觉发热，从她像成熟的桃儿一般的色彩表现出来。我俩无言无语地各各退让到空隙的地方。女郎把她的秋眸送来，合着醉人的素质，表示她感谢的意思。于是我问她身边有否洋刀，先解决止住腿上的流血。女郎只摇了几摇头。我于是把三英寸见方的橡皮膏全块都贴在女郎的腿上了。女郎不觉微微的一笑，她开始问我姓名，我也还问姓名，各道现在生活的状况，就从此结识了，我俩亲密地同伴了。

龙华塔。

二年以前，我俩在一所公共的集会厅上结婚了。这都是我俩自己的愿意。家人们多半反对。他们轻视的轻视，取笑的取笑。小脚儿的嫂嫂说她没有坐过花轿，没有穿过蒙袍戴过凤冠。母亲也说我俩没有拜过祖宗，不许我俩回到故乡去。我好似一个没有爷娘的儿子，爱我的只有她——了。那年我从学校毕业失了职业，经济开始向我们发生关系。我想我是一个很有作为的青年，我决不向他们去要求，给他们轻视和取笑。我俩生活的处所，只剩下几件生硬的木器，以外旁的都已搬入到典当里去了。那时她自乐自乐并没有怨恨的色彩。我觉得世人都是没有情感世界上除了我们两个以外简直一个也没有人了。她不久肚皮也渐渐地高起来了。从她女友的介绍，入医院生产。我爱的小宝宝呱呱坠地以后，母亲方才遣人来打听是男孩是女孩，因为小脚嫂嫂五年以来还不曾生过一个侄儿。母亲抱孙心切，所以勉强来探问我们，幸亏我俩生的果是男孩，母亲闻了心喜把她的私蓄来接济我们，否则我俩的痛苦必非世界上第三人所可告了。近来得到一种消息，故乡的几个友人，申君的夫人因病弱去世了，二君的家庭因夫妇不和时常有一种不乐的空气，两君因不满意于他的爱人自杀了。唉，可惜的他们啊，闻说他们的家里不是贪对方黄金富有就是相信“门当户对”，试看现在的结果。

我俩是何等幸福，不要忘了龙华的命运，因为龙华的命运就是我俩的命运。我俩生了一个小宝宝，母亲方始来爱我俩。龙华红了桃花，绿了杨柳，人们方始去鉴赏她，人们不多是自私的吗。

民族调查冒险记

（杨成志）

中国地域广阔，交通多阻，边疆滇省与中部隔膜重重，语言，文字，风俗，宗教，无从贯浦，这是中国民族统一的大障碍！

本文作者杨成志君。（中山大学研究所特派西南民族调查专员）

我们想御外侮，必须谋自己民族团结，尤其先要明瞭本国情形，所以民族调查是当务之急。

友人杨君成志，受中央研究所和中山大学的委派，去年到云南去调查内地民族状况。旅行约年余，成绩甚佳，最近寄来这篇文，略述途中情形。我们因注意民族实况而发生兴味，这篇文就值得介绍给本杂志的读者了。（编者志）

去年仲夏史禄国（Shitkogoroff）教授夫妇，容肇祖教授和我四个人负国立中山大学语言历史学研究所和中央研究院历史语言研究所两机关的使命，从广州出发，经香港，安南来滇从事调查西南民族的工作。抵昆明一月后容先生因校事先回去，史教授夫妇因有闻见又不敢前进，这种调查的重大担子遂让我个人负挑。只凭着一腔求知的热诚而缺乏调查经验的我，蒙得云南省政府龙主席的介绍，遂于九月一日离昆明单骑出发历十余天的崎岖山道路经嵩明，寻甸和会泽而至巧家。我的目的是想把川滇交界沿金沙江西岸长约二千里，宽约三四百里，汉人称为“蛮巢”的巴部凉山下做一个详细探讨的；谁知巧家孟县长极力劝阻我渡江，在他的言意中以为我一去就不能复返，我回答他道“外人探险南北极尚能做得到，只隔一江的凉山山顶卢鹿茅屋可望，为什么不能进去探险？……”他不得已推其责要我往询在巧最有声望的夷团首陆玉级君决定行止，我沿危险的江岸行了三天至八甲见陆君后，他很钦佩我的勇进精神，然而又暗中阻止。我不耐烦了，在他府

深入滇地之杨君及其驴犬足迹，所经凡三千余里。

驴马负箱随行以饵途中收集民族物。

上高山之地住了两天遂离开决定冒险渡江一试，这条两面高山夹着拼命湍激像旋风般卷转的金沙江怒流，渡江时，水手们在岸上拖船绳逆流而上，两三里外方敢跳下船来猛烈鼓枻顺流而过，我虽惯渡海洋的人，当乘坐着小船身给怒潮打湿渡江时，心里头着实有些恐怕！

云南巴部凉山在金沙江之滨，山脚为汉人居屋，山顶为蛮子居。

抵岸后，我驻宿于凉山山麓六城壩县佐衙门，即晚闻江风怒号，流声澎湃及“蛮子”下山抢劫汉民的枪声，感慨顿生，终夜不寝！翌日因水土不服劳困过度，病魔遂把我征服下去，何来消息非常灵通，当夕阳西下，月亮初起的时候，有四十余个携刀带枪的“蛮子”竟来围攻衙门，意图掳我及抢财物。这间所谓县佐衙门也者，统共只有五间小房间及一个天井，除一个兼书记和收发的县佐外，又有四个鸦片瘾非常重将死而未死的差人做守卫。当他们来攻时，胡县佐和我督率着卫兵坚谨开枪抵御约经一时之久，卒幸得附近汉人团兵援救而击退！经过了这次危急，我发冷和疴痢的病更利害了，一星期的病床痛苦，白天所见的只有汉民来诉的呈禀，（因他们误会我系云南征服派来调查征服凉山的委员。）晚上所闻的只有闷裂心脾的山风声和江流声相奏和，狗吠声和抢枪声互响应！令我的灵魂如入地狱，令我的身体如坐针毡，自悔何苦到此“凶山恶水”的

“溜绳”渡急流。

惨境，既又忆及“不入虎穴，焉能得虎子”的壮言，又不觉从悲苦中兴奋起来！

迨病愈，我先物色到深识卢鹿语的汉人李相廷君教我普通会话，继又从李君的介绍结识了几个“汉把”（能操汉话酋的长之交涉员和“白毛”（识卢鹿文的巫人），有一天我到山腰上汉蛮贸易的中心点，黄草坪赶场（三天一次）视察去，眼看见所谓蛮公，蛮婆，蛮子和蛮女隆身壮体，披毡跣脚，裹头椎发和佩刀带枪……的情状，自觉得这的确是人类学和民俗学研究上的故乡，心花喜放，即把照相机打开摄影。是时他们围绕着我，一种不堪嗅的，腥羶臭味钻入鼻里，他们见我的装束，摄影机，望远镜水壶和手杖，莫名其妙似觉得是一个神奇怪异的人，有一个年约十二三岁的蛮童乘众人拥挤的当中伸手窃取我衣袋里的钱物，我幸机警马上把他抓住并以几下手杖的还礼，并摄了他一影；他们大家目瞪口呆地，不敢动手，究不知我何许人。我当时自筹想以为这是一种施催眠术（因他们说摄影是吸收灵魂会置人死地的）和示威的绝好机会，心里头只充满暗笑，欣欣然回来。

后来经过多方运用如何得保安全的交际术，才得着一个最有权力而稍知汉礼的酋长，禄呷呷准许进去。然而胡县佐接阅孟县长和陆团首信后，恐生不测极力又来阻劝我出发，我对他说："我此次得窥探凉山，若得成功归来，定可作吾国学术上的贡献；若中途不幸被捻杀时，是我好自为之，虽牺牲了生命，也与你们地方官毫无一点干涉的。"他看见我态度强硬起来,不易屈服。遂听我独自进去。

我请胡汉把带路登山行六十余里经过许多村落先至罗格，俾受禄酋长宰牛（牛牵至我面前，先打死后宰割，一块一块如石头般，半生熟而食之）的欢迎，（因为我赠送他许多未曾看见礼物，及他传说我是龙军长特派来和他们要好的。）我同他一起过部落时代的衣食住的野蛮生活凡七天，觉得耳目一新，殆有如呷李华游大小人国那般景象的遭遇：我住在"六畜同堂"的茅屋里；我吃过号称上品的"肝生"（生猪肝，肺，心，血加以辣子）；我使用过木勺和木萨来代替碗筷；他们的姆指般的大的生鸦片烟味加上一辈子不洗的衣服味曾令我闻而晕倒；一班裸体不怕冷的小孩争挖吃生牛皮的牛肉，曾令我见而结舌；我曾测量他们

妇女化装之杨君。

的房子而被忌；我更曾被使与死尸对面而睡。

凡此种种，真令我身体上受着无限痛苦，然而精神上却非常慰藉。我得禄酋长的保护和介绍，更历游诸路磨开，斯古，沙木箐，跑马坪……诸酋长地，越山逾岭，穿林涉水，计程约八百里，所经过村落约两百余，觉得并无所谓像汉官所管的地驻兵越多，土匪越众那般妨碍旅客的景象，虽然冷气刺骨，有时找不着路可行，有时遇着猛兽和易跌倒危崖绝壁的险地去。我享受这种世外的古代生活，随时随地，却足以令我眼不能闭，耳不能塞和笔不能停！兹仅略述数件有趣味的遭遇以博一笑。有一次得了酋长的欢心，险些儿做成驸马；有一次当一个年约十二三岁的酋长儿子吹一口鸦片吐一口血，我劝他戒绝时他竟答我道：“鸦片

六城壩县县佐及团绅团兵欢迎摄影，杨君之左为县佐。杨君未离滇时，县长病殁，乃代理县长凡十天。

凉山山脚六城壩县衙门。杨君初到住该署，夜半有蛮子四十余人围劫。抵御多时方击退。

烟只有令人好，未闻有置人病，怪咯！怪咯！”更有一次，我将摄影焚尸的照片，相机被抢（后幸得酋长追究回来）而又被追逐和击打；更又有一次我利用金钱买通了一个小孩带往窃偷他们不准人看见的灵牌，险些儿结果了我这条未死的生命……诸如此类，我现在回忆起来，得了鲁滨孙的个中乐趣不少！至其社会组织生活，惯俗思想语言和文字……当俟异日把我的独立卢鹿，中卢字典，卢鹿歌谣集，调查日记，草稿发表时，读者们便可得到仔细的认识。

杨君在云南博物馆穿杜文秀遗下之服装。

当我两月余漫游凉山没有消息传出来时，六城壩和巧家的汉民相传我被“蛮子”掳卖或被杀死但是我历经艰险而不死，迨我安然地转回六城坝来时，胡连变县佐竟因发冷病（俗叫打摆子）先离我而长逝！萧条署内鬼气吓人，令我一进门，不觉悲感交集，眼泪痛流，在满腔怜悯无处诉的当中，我忽由灵感自念道：

杨君与凉山土人教师学习“卢鹿”文。

“客回犬不吠！（署中有恶犬两只，认我回来不吠而摇尾。）

主逝鸟还鸣！（胡君自养的鹦鹉，

日在架上哀叫！）

恶水凶山地！

哭君我庆生。”

当此无官的时期当中，汉蛮正陷于火拼的大掳杀，我一方面函促县长速派新官来；一方面执行着旧官的职守极力从中排解调和，做了双重代理县佐凡十二天，得使视人命如草芥的大风潮暂时告息，诸酋信服，自约束其哇子（即奴隶）不敢下山掳人烧屋。待新代理县佐杨正深先生从巧家带了廿个团兵才敢来接任后，我遂带我的教师比资白毛及所收罗的各种重要民俗品渡江转回巧家教育局，是时冬深雨少，狂翻激卷的无情江水，被冷神震慑着比较平稳些，然而滩石随处的出现，水手们若不谨慎提防又极容易使舟破人覆！我们受了巧家官绅学各界热烈的欢迎，他们都称我是一个冒险家，以为可步武张骞通西域（孟县长信中语）似的；其实给我自己看来，毫无一点觉得。我的目的既达，更加潜心致意攻学卢鹿语言文字凡三个月。我想起凉山可以开化，尽我的力量所及，就两位酋长的两个汉人先生

卢鹿土人酋长（俗称大保头）禄呷呷肖像。

李颜两君任当教员在诸路磨开和斯古开办了两间小学；同时我更设法引带许多个比较汉化的“蛮子”渡江来巧开开眼界，使他们明白汉蛮进化和野蛮的分别，（因他们的怕渡江如汉人的怕进凉山一样的心理）。

“独立卢鹿”的研究工作既毕，我更就近从事于夷人（较近汉化的卢鹿）花苗和青苗三种民族的文字语言下了两月许工夫的探讨。当一切工作如我的志愿顺遂地完成以后，我正拟离巧经昭通，过贵州到四川顺扬子江调查回去，无如滇黔内战开始，旅途不通，不得已由原道折转回昆明。

凉山的一位姑娘。

我本年余的个人经验，深觉得民族调查急应引起一股青年学生的注意，遂在昆明中等以上十余学校，轮流地演讲，并分发“西南民族调查略表”及“云南民间文艺征求表”给将近三十青年学生照填。既毕，我鉴昆明虽为云南村的首县，尚有所谓“散民”“白子”“民家”，“白夷”“黑夷”“子君罗”，“花苗”各民族的名称，值得做比较和分析的调查工作，遂用三月余的时间实地探访，俾将来还他们本来面目，免给汉人胡说瞎道而乱治安的殊名异称。

除我自己直接考查外，我更蒙

云南教育厅代我分发“西南民族调查略表”和“云南民间民艺征求表”给全省一百余县的教育局遵填，同时我更附上解释民族调查和民间文艺征求的私函，若得收效，“云南民族志”和“云南民间文艺”的编成便可迎刃而解的。

在我未实现从迤西的腾冲到迤南的车里踏遍云南全省四年以上的调查工作之前，颇使我失望的，就是敝研究所来书催回！最近我拟沿滇越铁路顺便就阿迷州，蒙自，河口一带约略调查，经安南在河内的“法国远东学院”(École FranÇaise d’Extrême-Orient)抄录与吾国文献上有关的要籍，并调查安南的惯俗而回粤。

在本文将结束之际，有三点应特别声明的：第一，我以个人有限的精神和年青的时候，努力于吾国从未引起人注意的民族调查工作，算不得有什么惊人的成功，不过从广大和荒芜的学田中掘得些少奇葩异果而已。同时又因仆仆征尘，行踪无定的我，致许多亲朋爱友断绝问候，这篇草述，自当做告慰朋友们一声“平安”的通讯罢。其次，我所收罗的各种民俗品中，窃喜可供人类，民俗，考古，语言和文字诸学家作参考资料的，算是“蛮

在蛮地结识之朋友临别留影。

经”“夷经”“青苗经”“摆夷经”和“散民经”……诸种文字和数十种装束不同而部族却同的土人照片罢。我希望在缺乏苗夷学术的中国文化上可使将来占得一线曙光的位置！最末，我们已深知云南是一个动植矿的天然宝库，又是一座民族，语言和历史的人文博物院，外国人早已做及许多调查和收罗的研究工作，惟我国学术专家到此地考察者寥寥可数，宝贵资料独让外国人容易地攫去，是多么可叹惜的事情！我深望国内学术团体，科学专家对此锦秀河山，文化乡土加以注意及开掘！

结论的革命口号，我们要摇旗呐喊高呼：“中国境内各民族一律平等！”

发扬云南民族的固有文化！

开掘云南自然和人文的宝库！

满载而归。

（右）杨君所收录之民族物，其中有铜鼓，弓弩，衣服，战甲，饮食具，蛮书，夷书，苗书等甚为丰富。

扶助弱小民族实行解放!

打倒鄙视苗夷的旧观念!

开阔人类学和民俗学的新围地!

实行到民间去。

十八年，十一月十八日脱稿于昆明孤楼独寓的得胜桥边。

四川特辑
SPECIAL SUPPLEMENT—THE PROVINCE OF SZECHUEN

四川是中国最富饶的一省，所以有“天富之国”之称，再加上它地形的险要，陆倚栈道之艰，水阻三峡之险，其势足以自守；岷沱嘉陵之间，田畴交错，物产丰饶，其富又足以自养。梁任公谓中国地理具独立资格者只四川一省，并非过誉。

四川的险要和富饶，在历史上曾造成许多群雄割据的史实，像公孙述，王建，孟知详这辈桀黠之流，常能负固一隅，与中原抗衡。民国成立以来，四川省更成为军阀争夺地盘的好场地，老百姓没有享到过一天太平日子。自从七七中日战事开始，国民政府迁都重庆，四川省在政治上，军事上，以及经济上，一跃而占据最重要的地位。四川省有取用不竭的富源，四川省有广大无穷的人力，当民国二十六年冬国民政府宣言迁都重庆时，曾剀切指出四川将成为中华民国伟大的民族复兴根据地，这句话现在已经证实了。

今日的四川，已在抗战中迅速地滋长起来，在这短短的三年中，整个的四川省，已经完全改变了面目。重庆四郊的工业区，每天有成千成万的工人在努力生产，公路上满载着猪鬃，桐油，丝茶的卡车向苏境和海口疾驶着，这些都是获取外汇和军火的主要资源，一批一批装载军火和汽油的车辆又往四川的心脏驶回去，而弹药壮丁更不断地往前线输送，这些现象是每一个去四川的人所最先见到而印象最深的，四川省在这次抗战建国中，的确已经负起了前哨的任务了。

在过去二年余来，关于陪都和川省动态照片，本志常有刊载，但未曾将四川风物作过一次系统的介绍。战后经过四川的人虽多，但是国内外人士心存向往而未到过的仍是指不胜屈，现在乘此机会辟一特辑。读者在这几十页篇幅中，随处可见锦秀山河和唾手可得的天然富源，假如因此而引起国外的华侨或上海的富翁们去投资开发，那才不负这个特辑的编印了。

陪 都 重 庆

CHUNGKING AUXILIARY CAPITAL OF CHINA

Chungking, one most important commercial center of Szechuen Province, is situated at the intersection of the Yangtze and Chialing rivers. Sandwiched between the two rivers, it takes the shape of a goose neck like that of Manhatten. The city proper is built on a cliff which is 240 feet above sea level. At the early stage of the Sino-Japanese hostilities, it was made the temporary site of the Central Government and thus became the most important political center of the country. Since September 1940, it was named the permanent Auxiliary Capital of China.

四川第一大商埠重庆，位于长江与嘉陵江合流处，地形狭长如鹅头，三面环水，一面通陆，市区系建筑于跋海二百四十尺之山坡上，城分上下二部，上半城倚嘉陵江边，下半城面临长江，繁盛商业区，均集中于上下二城，通远门外曾家岩，两路口，大溪沟一带，为幽静之新住宅区。自民国二十年十一月国府迁渝后，重庆即一跃而成中国之政治中心，人口激增，工商业日臻繁荣。二年余来，日机不断轰炸，但重庆之繁荣与建设，仍在积极进展中。中国政府为表示抗战建国之决心起见，更于去年九月六日，定重庆为中国之永久陪都。以下各图，为陪都近影。

Chungking as seen from the south bank of the Yangtze River.

由长江南岸玄坛庙渡口遥眺重庆市区。

The business district of the Auxiliary Capital.

陪都之繁盛市街，图中川省壮丁整队开赴前线，民众夹道欢送。

The Long Road leading to the industrial quarter of Chungking.

嘉陵江畔傍水倚崖之马路，可直达市郊工业区磁器口。

(Upper) Street taking a winding course linking the Lower city of Chungking with the Upper city.
(lower) A distant view of the South Bank from chungking.

（上图）由上半城通达下半城之盘旋马路。
（下图）由市区眺长江及南岸峰峦。

Long flight of steps leading up the Cliff.

长江嘉陵江合流处之朝天门码头，石磴宽阔整齐，高达一百余级。

重 庆 南 岸

SCENIC BEAUTIES ON THE SOUTH BANK OF CHUNGKING

重庆长江南岸，丛山环抱，林木葱郁，为市郊著名风景区。山谷间水田毗连，依山层叠，远望成梯阶形，川中土地肥沃，农民勤于耕植，故收获极丰，足供大量移民之食用。

The water-falls of Chin-shui-chi or the "Clean water Stream", one of the grandest sights on the South Bank of Chungking.

清水溪为通黄山要道，峰回路转，沿途溪流淙淙，风景清幽绝俗。

黄山在南岸丛山中，风景清幽宜人，多富人别墅。
The Huang Shan on the Yellow Hill where the well-to-do people build their villas.

Tourist finds it comfortable to travel by taking "Hwa-kan", a simple sedan-chair specially adapted to mountain climbing.
登山代步之滑竿，由两人扛抬，远较乘轿舒适。

Lao Tz riding a flying crane, a plastic work in the Lao-chuen Cave.
涂山老君洞为南岸著名胜景，图为庙壁间之寿星浮雕。

The Temple Chen-wu-kung, misty with incense smoke.
香烟缭绕之真武宫，庙会时摩肩接踵，热闹异常。

Throng of pilgrims afoot on sedan-chairs, heading for Chen-wu-kung.
真武山相传为禹娶涂山氏之地，图中游履络绎不绝。

A two-storied shrine in front of the Lao-chuen Cave, over-looking the Yangtse River.
老君洞之危阁，面临长江，可远眺重庆市区。

北碚温泉公园

PEI-WEN-CHUAN

—THE NORTH HOT SPRING OF CHUNGKING—

The North Hot Spring is situated about 10 li west of Pei-pai a small town a hundred li to the north-west of Chungking. Facing the Kia-ling River with a lofty mountain precipice at its back, the place was formerly the site of a small weather-beaten temple built sometime in the Tang Dynasty, but today it becomes a modern park with its hot spring as the center of attraction. There are two hot spring-pools in the park; an open air and an indoor one. Both pools have a constant temperature of 33 degrees centigrade and contain rich sulphur and other mineral matter.

距重庆百里许之嘉陵江畔，有小镇曰北碚，为一模范乡镇，其上十里，有温泉公园，原为唐时所建一破庙，近已改为公园，以其地有温泉终日涓涓不息，故名温泉公园，前临嘉陵江，后倚万丈巉岩，有游泳池，浴室，旅餐馆，图书室，运动场及大草坪，为重庆郊外著名胜地。

温泉浴室，分内外两池，内池为三角形，上盖瓦屋，雨天夜间及不善泳者皆喜趋此，外池深六尺长四十尺，为露天浴池，泉水由内池石穴中流出。温度常与人体温相若，含硫磺及炭酸钙质甚富，重庆市民于假日乘舟来游者络绎不绝。温泉公园除以温泉著称外，园内之乳花洞，飞雪岩，龙湫道，飞来阁等，风景均极秀丽可睹。园后缙云山，在群山环抱中，夏季凉爽异常，如“缙岭云霞”，即为巴渝十二景之一。

The Tsin-yung Temple, one of the the best summer resorts near Chungking.

缙云寺在温泉公园后缙云山中，风景秀美，为重庆近郊著名避暑区，图为缙云寺雾景。

The Hot Spring Gorge, a section of the Kialing River between Pei-pai and Pei-wen-chuan.

温泉峡自北碚镇大沱口起讫夏溪口止，以温泉得名，自卢作孚氏建设三陕实验区及开辟温泉公园后，即成为重庆附近之唯一名胜。

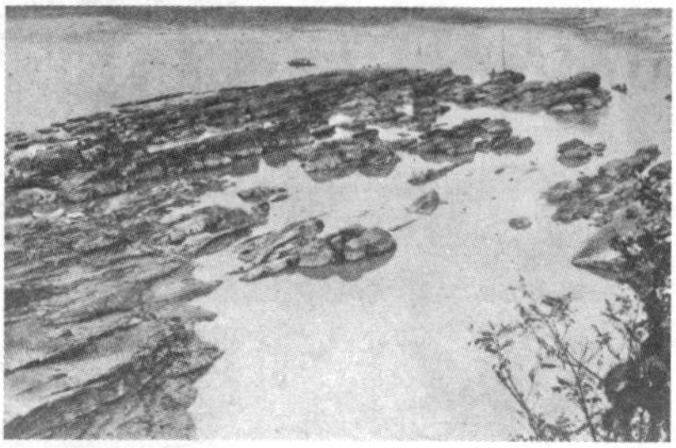

The Hidden Rocks in bed of the Kialing River.
北碚镇前伸入嘉陵江中之碚石，枯水时均显露水面。

Boats carrying tourists from Pei-pai to Nan-wen-chuan.
往来北碚与温泉间之游艇，由北碚溯温泉峡上驶，沿途风景似画。

A full view of Pei-wen-chuan Park with the Kiang-ling River in the fore-ground.
温泉公园全景，前为嘉陵江，温泉游泳池在右角丛篁中。

The Wen-chuan Temple built sometime in the Tang Dynasty.
温泉寺为唐代古刹，今辟作温泉公园，殿下左右各有温泉涌出。

The Peak of Tsing-yung mountain under the veil of mist.

缙岭云霞为巴渝十二景之一，昔人谓其峰高耸，苍松古柏与丹崖翠壁相郁蒸，望之若云雾，每晨朝岚漠漠然，矗霄而上，故有此名。

The Kwanying Gorge, a scenic spot as well as a coal producing center near Chungking.

飞雪岩在温泉寺左，瀑布从削壁倾泻而下，白沫横飞，犹若飞雪。

The Hot-spring Swimming pool, the center of attraction of the Pei-wen-chuan Park.

温泉游泳池之泉水，系由石穴中流出，其温度常在华氏三十三四度间。

The "Cliff of Flying Snow" noted for its magnificent waterfall.

观音峡介于重庆北碚间，为嘉陵三峡之一，峡区除以风景雄秀著称外，白庙子之煤矿，其产量足供重庆各项工业之用。

南 温 泉

NAN–WEN–CHUAN

Equally famous as the Hot Spring of Pei-Pai is Nan-wen-chuan the South Hot Spring Which is situated 40 li to the south of Chungking. The place is noted for its scenic beauties as well as its hot-spring. An open air swimming pool and a number of separate bath-rooms attract large number of holiday makers from Chungking.

南温泉在重庆南岸，距城约四十里，有公共汽车通达，与北碚同以温泉著称，为重庆近郊风景区，泉分两处；大温泉有室内游泳池及个别浴室，水温常保持华氏四十四度，含硫磺质甚多，有浓烈气息，能治疗各种皮肤疾病，温泉场一带，旅社菜馆林立，已成一繁盛之市集。小温泉在一阮姓别墅中，今已辟为旅舍，有室外游泳池，其泉流与大温泉同出一源。南温泉除以温泉著称外，其四周风景，如花溪之峰回流转，小三峡之削壁巉岩，虎啸口之溪瀑重叠，仙女洞之钟乳悬崖，在在均足使人留连忘返。

The Hot-spring Swimming Pool.

小温塘利用天然硫磺泉建成之游泳池。池水终年温暖，可供游泳。

The "Great Flying Water-fall."

飞瀑在花溪右岸，源出仙女洞，雨后匹练从崖岸直泻而下，颇为壮观。

The Roads of "Tung-sin-kan" mark the end of the Flower Stream.

同心坎为花溪起点，昔日乱石交错，不通舟楫，自民国十四年筑堤开竣后，遂成南温泉附近之胜地。

The San-sin Bridge, or the "Bridge of Three Stars" on the "Flower Stream".

由丛篁中眺三星桥，桥在花溪尽处，其南岸即温泉场，现旅馆商铺林立，已成一繁盛市集。

The "Hua Chi" or the "Flower Stream", a lovely water way for boating.

花溪为同心坎至温泉场间一小溪，长约五里，两岸崖石峻峭，秀竹交荫，峰回流转，风景绝美。

The Ho-shiu-kou or the "Mouth of a Roaring Tiger", name for the noise of thundering waterfalls.

虎啸口在花溪上流，丛树中怪石嶙峋，溪瀑重叠，因涧水冲激，声似虎啸而得名。

The Cave of Fairies on the left of the Flower Stream.

仙女洞在花溪左岸，宽约十余丈，洞内钟乳甚多，相传曾有女修士在此得道成仙。

The Petite Gorges, the best section of the "Flower Stream," is a miniature of the Grand Gorges of Yangtse.

小三峡为花溪中风景最美之一段，两岸壁崖耸削，奇峰突出，泛棹其间，似入扬子三峡。

扬子三峡
THE YANGTSE GORGES

由宜昌溯长江入川，须经三峡天险，峡从宜昌西南津关起讫奉节县止，全程共一百零九海哩，占宜渝水程三分之一，为长江中最险要之处。

三峡为西陵峡巫峡及瞿塘峡之总称，西陵以秀丽称，巫峡以幽邃胜，瞿塘短而雄，江流盘郁曲折，奔泻于危崖绝壁间，身历其中，令人有出尘之感。

西陵峡为三峡之第一峡，共分四段；第一段名宜昌峡，三国时吴将陆逊屯兵彝陵，坚守峡口即此。第二段为灯影峡，崖壁黑白相间，幻为奇景，犹若映灯影戏于白幕上，崆岭峡又名牛肝马肺峡，北岸壁间有钟乳如牛肝马肺然，峡之下口并有青滩之险。第四段为兵书宝剑峡，出峡北岸香溪口，相传为王昭君故里。

巫峡又名巫山峡，三峡以此峡为最长，重峦叠嶂，隐蔽天日，故有“巴东三峡巫峡长，猿啼三声泪沾裳”之语。巫山十二峡，屏列两岸，蔚为奇观，神女峰下有摩崖书“万垒保障三峡”六字，今已剥蚀不能辨识，人均以“孔明碑”称之。峡口象岭有神女庙，宋玉作“神女”“高唐”两赋，千古艳称。

瞿塘峡自黛溪口起至白帝城止，又名风箱峡，三峡以此峡为短而更雄。峡之西口即夔门，为三峡天堑，由此遥视奉节县城，已历历呈现目前矣。

The Wu-shan Gorge noted for its Twelve Peaks that rise into mysterious heights.
巫峡在三峡中为最长，俗称大峡，蜿蜒曲折，山深谷幽，有巫山十二峰之胜。

The Si-Ling Gorge where the current is so strong that boats sailing upstream have to be hauled by hundreds of trailers with long bamboo ropes.
青滩在崆岭峡西，汉晋宋明历代山崩所成，枯水时险象百出，轮船须绞挽而上。

The Chung-ling Gorge taken from the deck of a Yangtse Steamer.
在甲板上外眺崆岭峡，右岸崖石伸入江中，有钟乳如肝肺，故又名牛肚马肺峡。

Travelers on a Yangtse steamer gazing with awe at one of the Twelve Peaks of Wushan.
巫山十二峰，屏立巫峡两岸，嶂峦隐蔽天日，冷气森然，图为神女峰。

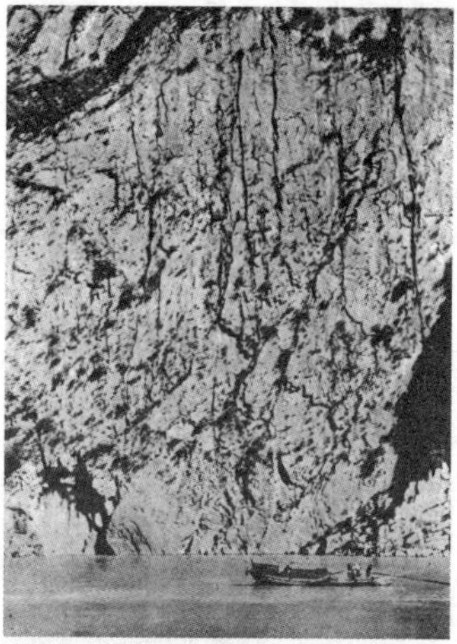

Ancient inscriptions on the wall of the Wu shan Gorge.

巫峡中森然耸立之崖壁，左下角“孔明碑”，摩崖“万垒保障三峡”，已剥蚀难辨。

The Chu-tang Gorge also known as the "Wind-box" gorge noted for its magnificent scaner.

瞿塘峡又名风箱峡，自黛溪口起至白帝城止，全程约五英里，三峡以此峡为短而更雄。

夔门天堑

KWEI-MEN THE GATE OF SZECHUEN

夔门当瞿塘峡西口，两崖紧束，壁立千仞，形势险要，为川东重要门户，由宜昌溯长江入川，须经三峡，而夔门为三峡天堑，有一夫当关万夫莫入之险，峡口江心，更有巨石横流，为滟滪堆，北岸白帝城，高踞山岭茂林中为蜀汉昭烈帝托孤之处，再西为夔府，百雉迤逦，人口繁密，江滨臬盐碛，相传为诸葛武侯所布之水八阵图。

三峡传何处，双岸壮此门，
入天犹石色，穿水忽云根，
猱玃须髯古，蛟龙窟宅尊，
羲和冬驭近，愁畏日车翻。

——杜甫诗——

A sailing boat gliding down-stream evading the dangerous rocks.
瞿塘峡岸，崖石壁立，峡中水急礁多，波浪汹涌。

Ancient inscriptions on the wall of the mountain precipice facing the Yangtse River.
粉壁墙在夔门南岸，岩壁摩崖刻“宋中兴圣德颂”，为蜀中有名金石文字。

成都古迹

CHENGTU: A CITY OF RELICS

武侯祠祀三国时之诸葛亮，“丞相祠堂何处寻，锦官城外柏森森”即指此处。

薛涛井在东门外望江楼侧，因唐诗妓薛涛曾以此井水造松花笺得名。

草堂寺在通惠门外万里桥西，为唐诗人杜甫吟咏处。

汉昭烈帝刘备墓，在南门外武侯祠侧，按昭烈帝殁于白帝城，此系衣冠墓。

锦江望江楼畔，为东郊名胜，相传明末张献忠曾沉银于此。

峨 眉 绝 顶

MOUNT O-MEI，THE BEAUTY-SPOT OF WEST CHINA

（过志杰摄）

峨眉为川中名胜，与扬子三峡，灌县青城，剑阁栈道，同为外乡人士游川之主要目标。峨眉绝顶，高一万一千余尺，金顶，千佛顶，万佛顶，三峰耸峙，缥缈于云霓中，呈不可多得之奇观。

由金顶西望，岷山万重，北则瓦屋山层峦矗耸，直插天表，稍南为晒经山，方峙若屏风，传唐三藏晒经于此，瓦屋之西，大雪山浮缥云间，如瑶峰琼壑，灿烂万状，南顾为二峨三峨，三山鼎列，如相揖让。清人刘光第诗有“云海楼台含日气，雪山鳞甲是江源”之句，峨眉绝顶之雄伟秀丽，颇能于此中见之。

群顶朝山 风扫白云开静境
万千佛顶朝山来

峨眉绝顶之山君子。

三峨烟雾灵　山有意留具象
雾里峨眉黛色新

四峨暮霭　山迎夕照云飞霭
佛有灵光贯太虚

象池夜月　月照池光空即色
云遮月影色常空

都江堰水利

THE GREAT IRRIGATION SYSTEM OF KWAN-HSIEN

Six million mow of rice fields in the vicinity of Chengtu receive well-regulated supply of water through the wonderful irrgation system on the upper Min River near Kwan hsien. The Min River which in ancient times menaced the Chengtu Basin with constant floods was put under control by Li Ping, a magistrate of Szechuan in the early Chin Dynasty 200 B,C. He and his son invented an irrigation system that not only stooped the foods but also kept the field so well ungated that since then famine was unknown, Li and his son became the idols of the grateful peasants and have been worshipped as a god even to this day.

灌县距成都一百六十里，扼省垣西北锁钥，古时因岷江泛滥为害，秦四川太守李冰父子，特开凿离堆，创立都江堰以疏泄水道，使岷江之水分成内外二流，成都平原十七县区，赖以灌溉者约六百万亩，每年农产品价值在一万万元以上。蜀人感念其功，特于离堆上建伏龙观，西门外江干建二王庙以祀之，庙观崇宏。香火至今不绝，每年清明节前后，都江堰举行隆重放水典礼时，冠盖云集，盛极一时。

Long line of pebbles piled all along the Min River to guide the course of the rapids. Upper-left, the statue of Li Ping, inventor of the great irrigation system. Lower-left the Temple of Li Ping.

门难台在县城西北，相传为李冰治水时令士民挟弓矢助斩孽龙处，峰顶北门城楼，前即都江堰之防水堤。上角为李冰塑像，李氏为先秦四川太守，与其子二郎因治水成功，故人民集资建二王庙祀奏之，香火至今不衰。下角为二王庙前琉璃坊之雄姿。

The general view of Tu-kiang-yeng where the great irrigation system begins, with the bamboo suspension bridge visible in the distance. Upper-left, pebbles in bamboo baskets to strengthen the embankments and to direct the course of the streams.

由门难台眺都江堰，右岸之殿宇为二王庙，安澜索桥横跨江上，下为都江堰分水闸，分岷江为内外二流，以调节其水量，上角为阻水之堤坝，系以巨石装入竹笼堆叠而成。

The wooden regulators that check the volume of water.

以大小木材结成之“马槎”，为都江堰之防水工程，每年清明时即砍卸“马槎”，举行隆重之放水典礼。

Through this narrow out-let the stream pass to water the neighboring districts. The "Elephant Trunk Point" that divides the Min River into the Outer River and the Inner River.

宝瓶口为岷江内流入口处，系李冰所凿，左为离堆，右为依山起伏之城垣（上图）。象鼻石在离堆东北隅伏龙观下，江水汹涌直冲石（上下图）。

青 城 山

THE SCENIC MOUNTAIN OF CHING-CHEN

The Ching-chen Mountains about 40 miles to the west of Chengtu is the beauty spot of West Szechuan. The photo reprinted in this page is a distant view of a few of the seventy-two peaks of Ching-chen. The nearest peak to the Min River is engraved with a line of Chinese characters which reads "The First Peak of the Fifth Great Mountain of the World."

青城山在灌县西北三十里，为道家第五名山，与峨眉同为川中名胜。相传黄帝问道于青城，封为“五岳丈人”，迨汉张天师道陵，斩草除涸，讲授丹经，青城之名益显，道书称为神仙都会。青城之美在峰峦峻削，林木蓊翳，山中石磴整洁，松杉夹道，虽盛暑亦极凉爽。天师洞为山中唯一道观，殿宇巍峨，建筑弘敞，游山者均留宿于此。第一峰绝顶有上清宫，俯览群山，青城三十六峰之胜，西川平原之美，山川荟萃，一览无余。

万里清游不暇慵，双旌换得一枝筇，
来从井络直西路，上到江源第一峰！
海内闲身输吾佚，山中佳气为人浓。
题诗试刻岩前石，付与他年薜晕重。

——范成大·青城山诗——

由暮霭中远眺青城诸峰。

A small tower that marks the entrance to the Tien-shih-tung.
天师洞灵官殿前之小阁，面临深谷，清幽绝俗。

The "Grand Hall of Worship" of Tien-shih-tung.
建筑巍峨之天师洞大殿，画栋飞檐，庄严壮丽。

天师洞前之石磴，古木夹道，虽盛暑亦极凉爽。

The Tien-shin-tung, standing in the quiet valley of the Ching-chen Mountains, is a Taoist Temple. The Temple is noted for its conneetion of stone on which the hand-writings of the ancients were engraved. (Top-left) The beautiful path that leads to the Tien-shin-tung Temple.

由丛翠中眺天师洞，洞在峭壁间，群山围拱，为山中著名道观，自山麓长生宫抵此约十里。

上清宫在清城第一峰绝顶上，由天师洞至此约五里。

The elaborate mural sculpture of Shon-chin-kung, another Taoist Temple that was built on the summit of the First Peak of Ching chen-shan.

上清宫之佛座，系以青石雕镂而成，上刻双龙抢珠，并配以各种图案。

凌 云 大 佛
THE HUGE BUDDHA OF KIATING

Four hundred feet in height, the huge Buddha, carved out of a single piece of mountain rock, stands on the Min River near Kiating (Loshan) as the guardian of the river. It is the work of Tang Dynasty. (about) 700 A.D.

凌云山在乐山县岷江对岸，正对大渡河口，临江崖壁上有大弥勒像，高三百六十尺，为唐开元初海通和尚凿，庞大雄伟，为蜀中巨观。

A full view of the great Buddha.
凌云山大佛全景。

The Six-arm Guardian of the Ling-yung Temple.
凌云寺山门神像。

A close-up view of the Buddha.
凌云山大佛头部近视。

A panorama of the Wu-Yu Mountain.
由凌云山后麓眺对江乌尤山。

The Min River with the Ling-yun Mountain in the back-ground.
烟雨中远眺凌云山，烟波凝黛，风景似画。